Gustav Marchet

Über landwirthschaftlichen Kredit

Gustav Marchet

Über landwirthschaftlichen Kredit

ISBN/EAN: 9783743658455

Hergestellt in Europa, USA, Kanada, Australien, Japan

Cover: Foto ©Suzi / pixelio.de

Weitere Bücher finden Sie auf **www.hansebooks.com**

Ueber
landwirthschaftlichen Credit.

Von

Dr. G. Marchet,
Professor in Mariabrunn.

(Separat-Abdruck aus „Romers Jahrbuch für österr. Landwirthe 1874.")

Prag, 1874.
J. G. Calve'sche k. k. Univ.-Buchhandlung.
(Ottomar Beyer.)

Das Leihvertrauen eines Gläubigers kann sich gründen auf die Persönlichkeit des Schuldners allein, oder auf dessen Besitz an Sachgütern. Im ersten Falle haben wir Personal=, im zweiten Real=Credit. Betrachtet man andernseits den Credit vom Standpunkte der Verwendung des entlehnten Capitales, so kommt man zur Unterscheidung von Mobiliar= und Immobiliar=Credit. Derselbe beruht nach Roscher*) auf der Circulations=Fähigkeit der mit dem Leihcapitale beschafften Güter.

Diese Arten von Credit erschöpfen aber die thatsächlichen Verhältniße nicht vollständig insbesondere deshalb, weil ihre Gränzen nicht vollständig scharf von einander zu trennen sind, sondern mannigfach in einander verschwimmen.

So besteht das Grundcapital zum guten Theil aus Erzeugnißen der menschlichen Arbeit, welche mit Grund und Boden dauernd verbunden ist. Die Belehnung dieses Theiles des Grundcapitals kann man mit Conrad**) landwirthschaftlichen Credit nennen (crédit agricole). Vielfältig ist behauptet worden, daß nur das eigentliche Grundcapital durch Immobiliar=Credit, also unkündbar belehnt werden könne, da nur die ursprüngliche Productions=Kraft von Grund und Boden unzerstörbar und daher fortdauernd von

---

*) National= Oekonomik des Ackerbaues. 5. Auflage 1867, Seite 378 u. ff.
**) Jahrbücher für National=Oekonomie und Statistik von Bruno Hildebrand. 11. Band Seite 438 u. ff.

gleichem Werthe sei, während die zweite Art vergänglich sei und ihre Erhaltung zum großen Theil von der Tüchtigkeit des Unternehmers abhänge, daher dem Personal=Credit zugewiesen werden müße. Beim crédit agricole handelt es sich aber um eine eigenthümliche Mischung von Immobiliar= und Personal=Credit, da dessen Basis ein dauernd mit dem Boden verbundenes Capital bildet, dessen Erhaltung jedoch von der Person des Wirthschaftenden abhängt. Diese Art des Credites hat für den Landwirth deshalb die höchste Bedeutung, weil erst in diesem der volle Werth des Wirthschafters seinen Ausdruck findet. Nehmen wir Drainage, Wiesen=Bewässerung, Boden=Verbesserungen aller Art, Wirthschaftsgebäude, überhaupt die ganze Thätigkeit zur Herbeiführung jenes Zustandes, den wir die „alte Cultur" nennen, so haben wir die Wurzel des landwirthschaftlichen Credites gekennzeichnet. Hier könnte der Personal=Credit mit seinen kurzen Rückzahlungs=Fristen nicht angewendet werden, da sich die Auslagen für Bodenverbesserungen z. B. nicht rasch wieder erstatten. Dennoch haben wir aber auch keinen reinen Immobiliar=Credit vor uns, da der Erfolg von Meliorationen nur durch die Tüchtigkeit des Wirthschaftenden in Wahrheit hervortritt und da man durch eine Boden=Verbesserung die sogenannten unzerstörbaren Kräfte nicht wesentlich beeinflußt. Aus der Art der Verwendung dieses Credites geht hervor, daß hier die Amortisation eine bedeutend schärfere sein kann und soll, als beim reinen Grund=Credit. Sollen die landwirthschaftlichen Unternehmer durch Credit wirklich unterstützt werden, so muß man jedem Einzelnen so viel Credit geben, als er werth ist, das heißt, man muß seinen Besitz und seine Person gleichzeitig in Anschlag bringen.

Da es uns scheint, daß das ganze Gebiet des Boden=Credites in einer kurzen Abhandlung nicht erschöpft werden kann, anderseits gerade die zuletzt besprochene Art von Credit für den Landwirth von hervorragender Bedeutung ist, aber in Oesterreich am wenigsten beachtet und gepflegt wird, so werden wir bei den folgenden Erörterungen denselben besonders im Auge behalten.

Wir werden im Folgenden die Vorbedingungen allgemeiner Natur, welche zu einer entsprechenden Organisation des ländlichen Credites nothwendig sind, erörtern und sodann auf jene Einrichtungen übergehen, durch welche der Credit selbst direct vermittelt wird, ohne jedoch weder in der einen noch der andern Richtung die Frage vollständig erschöpfen zu wollen.

Als die wesentlichste hieher gehörende Einrichtung ist die Grundbuch- und Hypotheken-Gesetzgebung anzuführen. Es ist allgemein üblich geworden, dieselbe auf folgende Principien hin zu beurtheilen: Die **Priorität, Specialität, Publicität** und **Legalität**, und werden wir daher dieselben einer näheren Beurtheilung unterziehen.

Die **Priorität***) besteht darin, daß die der Zeit nach früher eingetragenen Hypotheken bei einer etwaigen Feilbietung des Pfandes vor den später eingetragenen befriedigt werden müssen. Dieser Grundsatz ist ein für die Entwicklung des Credites sehr förderlicher und auch in dem geltenden österr. Grundbuchs-Gesetze vom 25. Juli 1871**) angenommen. Wir wollen gleich hier erwähnen, daß wir es für zweckmäßig erachten, bei Erörterung der Grundbuch- u. Hypotheken-Gesetzgebung die parallel laufenden Bestimmungen aus der preußischen Legislative anzuführen, da es zweifellos ist, daß diese Gesetzgebung auf die österreichische von jeher bedeutenden Einfluß hatte, die Berechtigung hiezu aus dieser Gegenüberstellung neuerlich hervorgehen und dadurch manche Anregung gegeben werden dürfte. In dem vom 1. Oct. in Wirksamkeit befindlichen preußischen Gesetze über den Eigenthumserwerb und die dingliche Belastung der Grundstücke, Bergwerke und selbstständigen Gerechtigkeiten***), wurde dieses Princip ebenfalls zur Geltung gebracht.

Eine Beschränkung des Prioritäts-Grundsatzes liegt in den **gesetzlichen** Pfandrechten, welche von dem Schuldner nicht eingeräumt zu werden brauchen, sondern mit dem Eintritte gewisser Umstände in Folge gesetzlicher Bestimmungen (ex lege) entstehen. Sie verdanken ihre Existenz der Erwägung, daß gewisse Forderungen wegen ihrer Wichtigkeit privilegirt werden sollen. Da diese gesetzlichen Pfandrechte nicht intabulirt sind, so verliert das Grundbuch dadurch be-

---

*) **Mascher**, Das deutsche Grundbuch- u. Hypothekenwesen. Berlin 1869 S. 676. ff.
**) R. G. Bl. Nr. 37 §§. 29. 30. 93.
***) S. hierüber R. **Höinghaus**, Die neuen preußischen Grundbuch- u. Hypotheken-Gesetze. Ergänzt und erläutert durch die vollständigen amtlichen Motive. 2. Aufl. 1872. S. 98 u. 141 §§ 17, 34 u. 35.

deutend an Glaubwürdigkeit, indem selbst der primo loco eingetragene Gläubiger nicht mit voller Sicherheit behaupten kann, daß ihm keine anderen Forderungen voran gehen; denn selbst wenn dieses im Augenblicke der Hypothecirung der Fall gewesen wäre, so hat doch der Gläubiger keine Gewähr dafür, daß diejenigen Conjuncturen, auf deren Vorhandensein er beim Abschluß des Darlehens gerechnet hatte, bleibend sein werden. Durch Geltendmachung einer gesetzlichen Hypothek kann es vorkommen, daß selbst für einen „e r s t e n S a t z", welcher zur Zeit der Eintragung vollständig gedeckt war, ohne daß sich die wirthschaftlichen Verhältnisse der Realität geändert hätten, die Befriedigung nur unvollkommen gefunden werden kann. Hiedurch wird jeder Hypotheken=Gläubiger veranlaßt werden, die Grenzen, bis zu welchen er in eine Belehnung willigt, enger zu ziehen und daher dem Eigenthümer die Ausnützung seines Besitzes geschmälert. Gesetzliche Pfandrechte sind daher, als mit dem Principe der Priorität unvereinbar und die freie Entwicklung der Wirthschaft hemmend, verwerflich. Ihr Vaterland ist Frankreich. Oesterreich ist mit derartigen gesetzlichen Pfandrechten sehr gesegnet*).

So genießen, von einer großen Reihe solcher bevorrechteter Forderungen abgesehen, z. B. die 3jährigen Rückstände an l. f. Steuern**) in Rücksicht des unbeweglichen Gutes, auf dem sie haften, das Vorrecht vor a l l e n Gläubigern. Steuer=Rückstände, welche auf unbeweglichen Gütern länger als 3 Jahre haften, können nur ein den intabulirten Hypotheken=Forderungen nachstehendes Pfand= Recht ansprechen. Die Gebühren von Vermögens=Uebertragungen haften auf der Sache, welche den Gegenstand der Uebertragung ausmacht und gehen a l l e n aus Privat=Rechtstiteln entspringenden Forderungen vor. Speciell die Gebühren von der Eintragung in öffentliche Bücher zur Erwerbung dinglicher Rechte haften auf dem durch die Eintragung erworbenen dinglichen Rechte und gehen auf demselben allen aus Privat=Rechtstiteln entspringenden Forderungen voraus***). Zu diesen gesetzlichen Pfandrechten, die theilweise schon von alter Zeit her

---

*) Stubenrauch Commentar zum a. b. G. B. 2. Auflage 1864. 1. B. 1 Abth. Seite 574 u. ff.
**) Zufolge der Hofd. vom 15. April u. 16. September 1825, Nr. 2089 bis 2132 J. G. S., des Hfzld. vom 6. Juli 1830 (böhm. Prov. G. S. Bd. 12, S. 184) u. des Hofd. vom 4. November 1831, Nr. 2533 J. G. S.
***) § 72 des Gebühren=Gesetzes vom 9. Februar 1850. R. G. Bl. Nr. 50.

datiren, ist in jüngster Zeit durch die Wasserrechts-Gesetzgebung ein Neues hinzu gekommen. Durch das Reichs-Wasser-Gesetz v. 30. Mai 1869 (R. G. Bl. Nr. 41) wurde nämlich im Capitel von den Wasser-Genossenschaften (§. 23) bestimmt, daß, wer ein in den genossenschaftlichen Verband einbezogenes Grundstück erwirbt, Mitglied der Genossenschaft wird und zu den aus diesem Verhältniße entspringenden Leistungen verpflichtet ist. Diese Verpflichtung ist eine Grundlast und hat bis zum Betrage 3jähriger Rückstände den Vorrang vor andern Real-Lasten unmittelbar nach den l. f. Steuern und Abgaben. Diese Bestimmung ist auch in die meisten Landes-Gesetze übergegangen*).

Ein weiterer für die Hypotheken-Gesetzgebung wichtiger Grundsatz ist der der Specialität.**) Dieselbe besteht darin, daß Forderungen nur auf bestimmte Realitäten und nur in bestimmter Größe eingetragen werden dürfen. General-Hypotheken, das sind Verschreibungen des gesammten gegenwärtigen und zukünftigen Vermögens eines Schuldners an einen Gläubiger sind, als im Widerspruche mit diesem Principe stehend und einer gesunden Wirthschaft zuwider laufend, längst aufgehoben. Im Gegensatze zur früheren Gesetzgebung in Oesterreich, wonach die ziffermäßige Eintragung der Forderungen nicht begehrt wurde, sondern man Hypotheken bestellen konnte, welche zur Zeit der Verpfändung dem Betrage nach noch nicht ausgemittelt waren***), wird durch die heutige österr. Gesetzgebung, im Einklange mit der preußischen, die Eintragung des Pfandrechtes nur für eine ziffermäßig bestimmte Geldsumme gestattet und muß bei einer verzinslichen Forderung auch die Höhe der Zinsen eingetragen werden. Bei sogenannten Cautions-Hypotheken, das sind solche, welche zur Sicherstellung nach irgend einer Richtung dienen sollen, muß der Höchst-Betrag, bis zu welchem der Credit oder die Haftung reichen sollen, angegeben werden.

---

*) Sie findet sich in den Landes-Gesetzen über Wasser-Recht von Böhmen, Mähren, Schlesien, Nieder-Oesterreich, Ober-Oesterreich, Salzburg, Tirol, Vorarlberg, Kärnten, Görz, Gradiska, Triest u. Istrien (Sämmtliche v. 28. August 1870) und Steiermark (Gesetz vom 18. Jänner 1872.) Nur der Landtag von Krain (Gesetz vom 15. Mai 1872) hat diese Bestimmung nicht acceptirt.

**) S. Oesterr. Gr. B. G. §. 14. Hbinghaus a. a. O. Seite 130 u. 131. §§ 23, 24.

***) S. F. X. Neumann Oesterr. Revue. Jahrgang 64. 2. B. S. 136 a. E.

Der Grund, warum man die Angabe eines bestimmten Gläubigers fordert, ist der, daß man der Einzeln-Hypothek nicht den Charakter eines Inhaber-Papieres geben will.*) Es würde hiedurch ein unhaltbares Experiment ermöglicht, da ohne Vermittlung der Börse ein derartiges Inhaber-Papier keinen Umlaufwerth (Cours) erlangen könnte, die Börse dagegen ganz ungeeignet ist, mit Effecten zu operiren, deren Werth von jedem einzelnen Erwerber genau controlirt werden müßte, aber auf Grundlagen beruht, die der Oeffentlichkeit unzugänglich sind.

In scheinbarem Widerspruche mit diesem Principe steht die Zulassung der Simultan- oder Correalhypotheken**), wodurch das Pfandrecht für die nämliche Forderung ungetheilt auf zwei oder mehrere Grundbuchskörper oder Hypothekarforderungen eingetragen werden kann. Man wollte einen Widerspruch mit dem Specialitäts-Principe darin finden, daß der nachstehende Hypotheken-Gläubiger bei dem einzelnen Grundstücke nicht berechnen könne, welche Summe ihm vorgehe d. h. welchen Betrag der Kauferlös aus dem einen mit verhafteten Grundstücke künftig zur Simultan- oder Correalhypothek zu leisten haben werde. Dieser Widerspruch besteht aber nicht,***) denn es hat der Gläubiger in diesem Falle das Recht die Zahlung der ganzen Forderung aus jeder einzelnen Pfandsache zu begehren und geht daher jedem nachstehenden Hypothekar-Gläubiger die ganze Forderung vor. Allerdings ist diese Rechtfertigung der Simultan-Hypothek nur eine juristische, denn es ist zweifellos, daß hiedurch die wirthschaftliche Lage des Schuldners sehr herabgedrückt wird. Dabei ist jedoch zu berücksichtigen, daß der Schuldner eine so harte Belastung nicht übernehmen würde, wenn sie nicht in seiner unsicheren und schwankenden Lage begründet wäre. Ist sie also die Bedingung des zu erlangenden Credites, so kann man sie vom ökonomischen Standpunkte aus bedauern, aber ein Verbot dieser Art von Belastung nicht rechtfertigen.

Eine der Neuzeit angehörige Art von Pfandrechten ist durch

---

*) S. Höinghaus a. a. O. S. 116—130 Anmerkung.
**) S. Oesterr. Gr. B. G. §. 15.
***) Dieser Ansicht ist auch Neumann a. a. O. S. 136. Der entgegengesetzten Auffassung huldigt Mascher a. a. O. S. 672 u. ff. indem er den juristischen und ökonomischen Gesichtspunkt nicht gehörig auseinanderhält.

das Genossenschaftswesen nöthig oder wenigstens häufig geworden. Es ist dies die Uebernahme der solidaren Haftung für Verbindlichkeiten von Genossenschaften, hauptsächlich von Credit-Associationen.

Die österreichische Gesetzgebung schreibt vor*), daß „die Mitglieder einer mit unbeschränkter Haftung errichteten Genossenschaft für alle Verbindlichkeiten der Genossenschaft, insoferne zur Deckung derselben im Falle der Liquidation oder des Concurses die Activen der Genossenschaft nicht ausreichen, solidarisch mit ihrem ganzen Vermögen haften. Wer in eine bestehende Genossenschaft eintritt, haftet gleich den anderen Genossenschaftern für alle vor seinem Eintritte eingegangenen Verbindlichkeiten und ist ein entgegenstehender Vertrag gegen Dritte ohne rechtliche Wirkung." Aus diesen Bestimmungen geht hervor, daß eine intabulirte solidarische Haftung bei einer Genossenschaft den Charakter einer Cautions-Hypothek hat. Die Haftung des Schuldners tritt nur eventuell ein, für den Fall als das sonstige Vermögen der Genossenschaft zur Deckung ihrer Pflichten nicht hinreicht. Für derartige Fälle schreibt das österr. Gr. B. G. (§. 14 al. 2) die Festsetzung eines Höchstbetrages vor, um den aufgestellten Grundsatze „der Eintragung einer ziffermäßig bestimmten Summe" zu genügen. Im Wesen der durch unsere Genossenschaften eingeführten Solidar-Bürgschaft liegt es aber, daß die Normirung einer ziffermäßig bestimmten Summe Geldes von vornherein unmöglich ist, indem erst im Augenblicke der Liquidation oder des Concurses die Verpflichtung des Genossenschafters, also der Inhalt der unbeschränkten Haftung, ziffermäßig greifbar wird. Wir stehen hier vor einem Widerspruche, welchen wir zu Gunsten der genossenschaftlichen Bewegung entscheiden würden. Da es von unleugbarer Wichtigkeit ist, die Eintragung der Solidar-Bürgschaft auf die Grundstücke zu ermöglichen, indem hiedurch der Genossenschafter vielleicht in die Lage kommt, sein ganzes Credit-Bedürfniß zu decken, da aber andererseits das Grundbuch-Gesetz eine derartige incommensurable Forderung einzutragen verbietet, so scheint eine Aenderung dieses Gesetzes nöthig, um der großartigen wirthschaftlichen Strömung der jetzigen Zeit gerecht zu werden. Von diesem Standpunkte muß

---

*) Gesetz vom 9. April 1873 R. G. Bl. Nr. 25 §. 53 u. ff.

man die Erweiterung des §. 14 des Gr. B. G. insoferne wünschen, daß die Intabulirung der Solidarbürgschaft ermöglicht werde, selbst wenn der Specialitäts=Grundsatz dadurch einigermaßen verletzt werden sollte.

Das dritte Princip: die **Publicität***) ist für die Entwicklung des Grundbuchs= und Hypotheken=Rechtes das wichtigste, da von der Ausdehnung und Art seiner Anerkennung und Durchführung die Wirksamkeit der Hypothekar=Gesetzgebung wesentlich bedingt ist.

Dieses Princip in seiner Reinheit besteht darin, daß durch seine Durchführung der Inhalt des öffentlichen Buches von Rechtswegen **wahr** und in seinem Bereiche **erschöpfend** ist, indem von Rechtswegen in Betreff der Tabularkörper keine dinglichen Rechts=Verhältnisse existiren, welche im öffentlichen Buche nicht erscheinen, hingegen diejenigen, welche eingetragen sind, zu Recht bestehen, so weit und so lange nicht das Gegentheil im öffentlichen Buche erscheint. Daraus geht zur Genüge hervor, daß dieser Grundsatz ein tief einschneidender, das Hypotheken=Recht an seiner Wurzel fassender ist. Außer dieser **materiellen** Bedeutung hat das Publicitäts=Princip auch eine **formelle**, nämlich die, daß die öffentlichen Bücher für alle Jene, welche an deren Inhalt ein Interesse bescheinigen, zugänglich sind. Dieser äußere Theil des Publicitäts=Principes ist längst anerkannt und durchgeführt. So enthält z. B. die von Kaiser Ferdinand II. erneuerte Landes=Ordnung für Böhmen vom 10. Mai 1627 folgende Bestimmungen**): „Zur Landtafel mag Jedermann seiner rechtlichen Nothdurft halber gehen, jedoch daß in gedachter Landtafel sich Niemand anmaße, in den Schriften umbzustüren oder zu blättern, weil solches denen Amtleuten und Registratoren, so damit umgehen, allein zusteht."

---

*) Siehe hierüber die gehaltvolle Monographie von **Adolf Exner** „das Publicitäts= Princip". Wien 1870 S. 3 u. ff.
Stein L. „Handbuch der Verwaltungslehre und des Verwaltungs=Rechtes, 1870." S. 260 u. ff. bes. S. 276, bezeichnet im Widerspruche zu dem gewöhnlichen Sprachgebrauche, was wir hier Publicität nennen, mit Legalität und versteht unter Publicität bloß den Grundsatz, daß Jedermann Einsicht in die Grund= und Hypotheken=Bücher haben soll, also nur die formelle Seite dieses Princips. Wir werden auf die eigentliche Bedeutung der Legalität noch zu sprechen kommen.
Mascher a. a. O. S. 583 ff. definirt entschieden zu weit (s. Exner S. 4) und vermischt den materiellen und formellen Inhalt dieses Principes.
) L. **Haan. Studien über Landtafelwesen. Wien 1866 S. 6.

Das neue Gr. B. G.*) spricht sich hierüber ganz klar aus. Es wird Jedermann das Recht eingeräumt, das Grundbuch in Gegenwart eines Grundbuch-Beamten einzusehen und Abschriften oder Auszüge daraus zu erheben, welche vom Grundbuch-Führer unter dessen eigener Haftung zu ertheilen sind. In dieser Richtung ist der Vorzug der österr. Gesetzgebung vor der preußischen nicht zu verkennen. Die Letztere gestattet die Einsicht der Grundbücher und Grundacten Jedem, „welcher nach dem Ermessen des Vorstehers des Grundbuch-Amtes ein rechtliches Interesse dabei hat;" aus al. 2 des hieher gehörigen Paragraphen, durch welchen einer öffentlichen Behörde oder den von ihr beauftragten Beamten das Recht gewährt wird, Abschriften zu verlangen, scheint, so auffallend das ist, hervorzugehen, daß Privat-Parteien zu diesem Verlangen nicht berechtigt sein sollen. Jedenfalls ist die Fassung der preußischen Grundbuchs-Ordnung eine nicht glückliche.

Im Zusammenhange mit der erörterten Frage steht der in Preußen geltende Grundsatz, welcher im österr. Gr. B. G. nicht direct ausgesprochen ist, daß die Beamten des Grundbuches für jedes Versehen bei Wahrnehmung ihrer Amtspflicht haften, soweit für den Beschädigten von anderer Seite her Ersatz nicht zu erlangen ist. Soferne der Beschädigte nicht im Stande ist, Ersatz seines Schadens vom Grundbuch-Beamten zu erhalten, haftet ihm für denselben der Staat.**)

Die österr. Gesetzgebung hat dieser Frage gegenüber in jüngster Zeit einen großen Schritt nach Vorwärts gethan. Während nämlich in der preußischen Legislative „für jedes Versehen bei Wahrnehmung der Amtspflichten" seitens der Grundbuchsbeamten der Staat nur subsidiär haftet, ist durch das Gesetz vom 12. Juli 1872 (R.-G.-Bl. Nr. 42) festgestellt worden, daß für den Fall als „ein richterlicher Beamter in der Ausübung seiner amtlichen Wirksamkeit durch Uebertretung seiner Amtspflicht einer Partei eine Rechtsverletzung und dadurch einen Schaden zugefügt hat, gegen welchen die in dem gerichtlichen Verfahren vorgezeichneten Rechtsmittel eine Abhilfe nicht gewähren, die beschädigte Partei berechtigt ist, den Ersatz des Schadens mittelst Klage gegen den schuldtragenden richterlichen

---

*) §. 7. Ueber die preußische Gesetzgebung siehe Höinghaus a. a. O. S. 203. Gr. B. O § 19.
**) S. hierüber Höinghaus a. a. O. S. 207 §. 29.

Beamten allein, oder gegen den Staat allein, oder gegen Beide anzusprechen. Der schuldtragende Beamte haftet als Hauptschuldner und der Staat gleich einem Bürgen und Zahler". Durch dieses Gesetz, welches die Durchführung des im Art. 9 des Staatsgrundgesetzes vom 21. December 1867 über die richterliche Gewalt ausgesprochenen Grundsatzes enthält, stellen sich der Staat und der richterliche Beamte der Partei gegenüber als Mitschuldner zur ungetheilten Hand dar, und ist damit die primäre Ersatzpflicht des Staates der verletzten Partei gegenüber statuirt. Die österr. Gesetzgebung steht damit auf einem das Grundbuchsrecht bedeutend sichernden Standpunkte und hat in diesem Punkte die preußische Legislative weit überflügelt*).

Wenden wir uns nun dem Publicitäts-Principe in seiner materiellen Bedeutung zu, so haben wir eine lange Entwicklungsperiode vor uns, die auch heute noch nicht völlig abgeschlossen ist. Die neuere Wissenschaft fordert, der Praxis voraneilend, daß die Eintragung in das öffentliche Buch ein Formal-Act sei, der das eingetragene Rechtsverhältniß schafft, auch wenn es materiell nicht begründet ist. Sobald ein Rechtsverhältniß in das öffentliche Buch eingetragen ist, besteht es, und zwar so lange, als nicht eine Aenderung aus dem öffentlichen Buche selbst zu ersehen ist. Ob hinter dieser Eintragung ein materieller Rechts-Grund steht, ob also dieselbe den thatsächlichen Rechts-Beziehungen entspricht, wird nicht berücksichtigt. Erst durch den Grundsatz, daß alles was im Grund-Buch apparirt unzweifelhaft richtig ist, erhält dasselbe seine unumstößliche Glaubwürdigkeit und erreicht dadurch seinen eigentlichen Zweck.

Der Anerkennung dieses Principes in den Gesetzgebungen liegt die historische Entwicklung derselben zu Grunde. In ihrem Ursprunge

---

*) Siehe Dr. Joseph Kaserer „Das Gesetz v. 12. Juli 1872 über das Klagerecht der Parteien wegen der von richterlichen Beamten zugefügten Rechtsverletzungen (Syndicats-Beschwerde) nebst Materialien." Siehe insbesondere: S. 20 u. ff. die vor den Motiven gegebene historische Entwicklung der in dem Gesetze verkörperten Rechtsanschauung, die scharfe Interpretation des Art. 9 des Staats- Gr. Ges. v. 21. Dec. 1867 und der Bedeutung der primären und subsidiären Haftung für die Pratei und den Staat. — Zu bedauern ist bei diesem Gesetze nur, daß die Schadenersatzpflicht nach den für den Verkehr unzureichenden Bestimmungen des a. b. G. B. normirt werden mußte, da man dieselben füglich nicht singulär aufheben konnte.

kann man hauptsächlich zwei Richtungen unterscheiden: die römische Traditions-Theorie und die deutsche Auflassungs-Theorie. Bei der ersteren konnten dingliche Rechte nur entstehen auf Grund eines zur Uebertragung des Eigenthums genügenden Rechtsgrundes (causa) und durch Uebergabe (traditio), sowohl bei beweglichen als unbeweglichen Sachen. Daraus entwickelte sich die nunmehr von der Wissenschaft verworfene Theorie von Titel und Erwerbungs-Art der Rechte, wie sie in dem heutigen österr. Civil-Rechte noch verkörpert ist.

Dem gegenüber steht die deutsche Auflassungs-Theorie*). Die Auflassung war früher ein vor dem Thing, d. h. der ganzen versammelten Gemeinde, später vor Richtern und Schöffen, oder dem Rath der Städte, persönlich vorgenommener Act, bei welchem das dem Uebergange zu Grunde liegende Erwerbsgeschäft öffentlich bekannt gemacht, die Uebergabe durch Ueberreichung ein für alle Mal bestimmter anschaulicher Zeichen (Scholle, Zweig, Halm, Spahn, Hut, Contract) symbolisch vollzogen, und endlich der Erwerber vom Richter in den körperlichen Besitz des Grundstückes formell eingewiesen (an die Gewehr gebracht) wurde. Später geschah dieses durch Eintragung des Auflassungs-Actes in die Erb- und Grundbücher, und als die schriftliche Form für die Contracte (Handveste) üblich wurde, ließ der Richter, durch Einverleibung des ganzen Veräußerungs-Geschäftes in die Grundbücher, seine Mitwirkung als Urkunden-Person eintreten.

In Oesterreich besteht die Einrichtung von öffentlichen Büchern schon sehr lange**). Das Institut der Landtafel, in Ansehung der unmittelbar der Hoheit des Reiches unterworfenen Güter, findet man schon zu Ende des 13. Jahrhunderts in Böhmen und Mähren. Kaiser Karl IV. erließ dann am 7. April 1348 einen Codex für Böhmen, in welchem die unmittelbar unter fürstlicher Hoheit stehenden Güter in 3 Kategorien eingetheilt wurden: a) solche, welche zur Erhaltung des königl. Hofhaltes und der Rechtspflege, theils auch zur Vertheidigung des Landes, bestimmt waren; b) solche, welche für besondere Fälle die Erhaltung des Glanzes der Krone ermöglichen sollten; c) solche, welche zur Belohnung für würdige um das Land verdiente Männer bestimmt waren. Die Güter der beiden ersten Arten durften nie ver-

---

*) S Höinghaus a. a. O. S. 49.
**) Haan a. a. O. S. 2 und ff.

äußert oder belastet werden, und mußte jeder König sofort bei seinem Regierungsantritte die ungeschmälerte Erhaltung derselben beschwören. Zu Gütern der dritten Art sind diejenigen bestimmt, auf welche der königlichen Kammer das Heimfalls=Recht im Falle der Nachfolge, der Proscription oder Confiscation zusteht. Dieses Nachfolge=Recht hatte die Kammer nach Verstorbenen dann, wenn dieselben keine ehelichen Kinder hinterließen; unter jeder Bedingung bei Gütern, welche einem mit dem Tode Bestraften gehört hatten. Die Fälle der Proscription und Confiscation waren mannigfaltig. Um nun derartige Güter bei ihrer Bestimmung zu erhalten und das Heimfallsrecht der königlichen Kammer vor Verkürzungen zu sichern, war bestimmt, daß die Erwerbung und Belastung solcher Güter nur mittelst Eintragung in die Landtafel geschehen könne, und ist daher die Entstehung der Landtafel, als jenes öffentliche Buch, in welches die Dominical=Güter eingetragen werden, in dem fürstlichen Hoheits=Rechte begründet. Zur Veräußerung derartiger Güter bei Lebzeiten des Besitzers mußte die königliche Bewilligung eingeholt werden. Die Führung der Landtafel war mit vielen Vorsichten umgeben. Einverleibungen waren nur auf Grund schriftlicher Urkunden zulässig; die Priorität der Hypotheken war nach dem Zeitpunkte ihrer Eintragung normirt. Wer gegen ein in die Landtafel gelegtes Geschäft ein Recht zu haben glaubte, mußte seinen Widerspruch binnen 3 Jahren 18 Wochen in Form einer Klage einbringen, widrigenfalls es bei dem Inhalte der Landtafel „ohne Widerrede oder einzige Ausflucht verblieb, sintemal kein Mensch die Landtafel überzeugen kann." Wir sehen hier das Publicitäts=Princip bereits klar vor uns, allein es wirkt noch nicht rein, indem die bücherliche Eintragung zu ihrer unanfechtbaren Giltigkeit der „Verschweigung" von 3 Jahren und 18 Wochen bedarf. Erst wenn während dieser Zeit Niemand die Giltigkeit der landtäflichen Eintragung „aus rechtsbewährten Gründen" zu bestreiten unternommen hatte, war das eingetragene Rechtsverhältniß völlig gesichert.

Aus dieser „Verschweigung" hat man, durch römisch=rechtliche Begriffe geleitet, instinctmäßig eine Tabular=Ersitzung[*]) gemacht. Der Unterschied ist klar. Jemand, der seine Einwendung durch die

---

[*]) Exner a. a. O. S. 29 und ff.

Zeit von 3 Jahren 18 Wochen nicht geltend macht, „verschweigt" sich seines Rechtes, und bleibt daher der Eingetragene im Genuß des Rechtes, welches ihm schon von dem Augenblicke der Eintragung zustand. Wir haben also eigentlich die Verjährung eines Einspruchrechtes vor uns. Bei der Tabular-Ersitzung dagegen erwirbt der Eingetragene durch den Ablauf eines bestimmten Zeitraumes und das Vorhandensein gewisser Bedingungen ein Recht, welches ihm im Augenblicke der Eintragung noch nicht zustand; es wird erst nachträglich der factische Buchstand zu einem rechtlichen. Aus dieser Verschiedenheit ergeben sich weitere Consequenzen. Bei der „Verschweigung" war nichts nothwendig, als daß der bestimmte Zeitraum ohne begründeten Einspruch verlief; bei der Ersitzung mußten alle jene Erfordernisse vorhanden sein, welche die römische usucapio vorschrieb. Bei der ordentlichen Ersitzung braucht es somit, außer der Ersitzungs-Fähigkeit der Person und der Sache, die Rechtmäßigkeit und Redlichkeit des Besitzes und ununterbrochenen Besitz während der Ersitzungszeit.*) Dieselbe beträgt, da wir das Eingetragensein des Ersitzenden annehmen, nach österr. Rechte gewöhnlich 3 Jahre; juristischen Personen gegenüber 6 Jahre; bei schuldloser und willkürlicher Abwesenheit des Einspruchberechtigten wird ein Jahr nur für 6 Monate gerechnet. Doch darf die Zeit nie weiter als bis auf 30 Jahre zusammen ausgedehnt werden.

Der Besitz muß sich also auf einen giltigen Titel (Rechts-Grund) stützen, der den Erwerber nur deshalb nicht zum Eigenthümer macht, weil dem Uebertragenden das Eigenthumsrecht nicht zustand; sogenannte Putativ-Titel, welche der Erwerbende für giltig hält, ohne daß sie es in Wirklichkeit sind, werden ausgeschlossen.**) Der Besitzende darf ferner nicht wissen oder aus wahrscheinlichen Gründen schließen müssen, daß er nicht Eigenthümer sondern nur Besitzer geworden sei, und zwar muß dieser gute Glaube während der ganzen Ersitzungs-Zeit vorhanden sein. Fehlt der justus titulus, so ist nur außerordentliche Ersitzung möglich, bei welcher die Zeit auf 30, respective gegen juristische Personen auf 40 Jahre festgesetzt ist.***) Die Unredlichkeit des Besitzers macht eine Ersitzung überhaupt unmöglich.

---

*) a. b. G. B. §§. 1460, 1463, 1465, 1467, 1472, 1475.
**) Kirchstetter, Commentar zum a. b. G. B. 1868, S. 635. und ff.
***) §. 1477 a. b. G. B.

Die Tabular-Ersitzung ist zur Vervollständigung des Hypotheken-Rechtes nach seiner dermaligen Gestaltung im österr. Civilrechte nöthig. Zwar ist bestimmt, daß Eigenthum sowohl als Pfandrechte an unbeweglichen Gütern nur durch Eintragung in die öffentlichen Bücher erworben werden können;*) damit ist aber noch nicht gesagt, daß alles was im öffentlichen Buch steht, auch wirklich gilt. Es bleiben nämlich für die Wirksamkeit des Tabular-Standes noch immer die materiellen Voraussetzungen der Eintragung ausschlaggebend und ist z. B. dadurch, daß Jemand zwar redlich aber unrechtmäßig den Besitz erworben und die Eintragung erwirkt hat, ein Eigenthums- oder Pfandrecht-Erwerb nicht vollzogen worden. Es ist nur consequent, daß hier eine Convalescenz stattfinden könne. Hiezu hat man die Ersitzung bestimmt, aber es ist nicht zu verkennen, daß dieselbe ein Rückschritt selbst gegen die alte „Verschweigung" ist. Es bedurfte bei der letzteren, wie erwähnt, nur des Ablaufs einer gewissen Frist, um das eingetragene Recht zweifelsos zu machen, während dies bei der Ersitzung nicht der Fall ist. Man kann nach Ablauf von 3 Jahren z. B. nicht mit Sicherheit behaupten, daß die Eintragung nun vollkommen zu Recht bestehe, man weiß nicht, wie es mit der Redlichkeit und Rechtmäßigkeit des Besitzes bei dem Eingetragenen bestellt ist, ob also nicht durch einen Fehler hierin die Ersitzung auf eine längere Zeit als 3 Jahre ausgedehnt oder etwa gar ausgeschlossen wird, ob nicht etwa derjenige, gegen den die Ersitzung stattfinden soll, eine juristische Person ist oder während der Ersitzung abwesend war, was eben auch die Ersitzungszeit wesentlich beeinflußen würde. Damit Jemand in vollem Vertrauen auf das öffentliche Buch handeln könnte und gegen alle Einwendungen sicher wäre, müßte er über alle oben erwähnten Punkte so viele Erhebungen anstellen, daß er die ganze Institution der öffentlichen Bücher mit ihrer Glaubwürdigkeit und Uebersichtlichkeit über den Stand einer Realität nahezu entbehren könnte.

Wenn man nun der vollen Anerkennung der Publicität zu Folge begehren muß, daß die absolute Rechts-Beständigkeit des Tabular-Actes lediglich von dessen formeller Correctheit bedingt sei, so muß man erklären, daß formell incorrecte Tabular-Eintragungen absolut nichtig seien.**) Es ist jedoch für gewisse Personen wün-

---
*) §§. 431 u. 451 a. b. G. B.
**) Exner a. a. O. S. 113, 126.

schenswerth, die Richtigkeit dieses Actes vom Grundbuch-Richter ausdrücklich anerkannt zu sehen, damit z. B. Dritte nicht im Vertrauen auf das öffentliche Buch Rechte erwerben können. Zu diesem Zweck dient die Löschungs-Klage aus dem Grunde der Ungiltigkeit. Wenn nun Jemand auf Grundlage eines formell unrichtigen Tabular-Actes in den Tabular-Besitz kam (die Art, wie dies geschah, ist gleichgiltig), wenn ferner der Einspruchberechtigte binnen einer gewissen Zeit die Richtigkeits-Klage nicht erhoben, und wenn endlich der Eingetragene sich bezüglich der Richtigkeit seines Erwerbes in gutem Glauben befunden hat, so kann nachher die Richtigkeits-Klage nimmer angestellt werden. Der Unterschied zwischen dieser Ersitzung und der Tabular-Ersitzung des österr. Rechtes, welcher Unterschied in der principiell ausgedehnteren Anerkennung des Publicitäts-Principes seinen Grund hat, ist offenkundig. Für materiell ungerechtfertigte Tabular-Stände, das Feld der österr. Tabular-Ersitzung, gibt es unter der Herrschaft des Publicitäts-Principes keine Ersitzung. Die hier tendirte Ersitzung ist vielmehr eine Verjährung der Richtigkeits-Klage, mit dem Zwecke, die formelle Incorrectheit des Buchactes zu heilen. Diese Tabular-Ersitzung hat also auf die Frage, ob das durch den Formal-Act geschaffene Rechtsverhältniß materiell begründet sei, keinen Einfluß. Derartige Einsprüche sind selbstständig zu beurtheilen, verjähren also auch selbstständig, ohne daß aber hiedurch ihre Beständigkeit vom bücherlichen Standpunkt aus alterirt würde. Ueber die Anfechtbarkeit des Tabular-Standes aus materiell rechtlichen Gründen haben wir später zu sprechen.

Eine Folge des Satzes von der sofortigen und absolut wirkenden Kraft der Tabular-Acte, also der vollen Anerkennung des Publicitäts-Principes, würde die sein, daß die Hypotheken-Rechte ihre accessorische Beschaffenheit*) verlieren würden. Wenn eine Hypothek schon dadurch, daß sie im öffentlichen Buche erscheint, absolut wirksam wird, so ist sie dadurch von dem Schicksale der Forderungen, zu deren Sicherung sie bestellt wurde, unabhängig geworden. Nach österr. Rechte entsteht die Hypothek in Beziehung auf

---

*) §§. 447, 449 u. 1351 a. b. G. B.; Stubenrauch a. a. O. 1 B., 1 Abth. S. 572, Kirchstetter a. a. O. S. 216. Beide Commentatoren haben gegen den accessorischen Charakter des Hypotheken-Rechtes nichts einzuwenden. S. auch Höinghaus a. a. O. S. 100 u ff. (Motive).

eine Forderung, hat in dieser den Zweck ihres Fortbestehens und hängt von der Giltigkeit des Anspruches ab, zu dessen Sicherung sie dient. Wird dieser angefochten und etwa aufgehoben, so ist damit auch die Hypothek beendigt, so daß das Appariren derselben im öffentlichen Buche keine Sicherheit für ihren wirklichen Bestand gibt. Im Gegensatze zu dieser römisch=rechtlichen Auffassung des Hypotheken=Rechtes strebt man jetzt dahin, der Hypothek formelle Selbstständigkeit zu geben, so daß dieselbe fortbesteht, solange sie im öffentlichen Buche apparirt, auch wenn der obligatorische An= spruch, zu dessen Sicherung sie entstanden ist, bereits weggefallen sein sollte. Dadurch, daß die Giltigkeit der Hypothek nur von dem for= mellen Acte der Eintragung bedingt und von dem Schicksale der zu sichernden Obligation losgelöst wird, ist sie erst völlig zweifellos ge= worden.

Die Folgen sind mannigfach. Durch die Eintragung ist nicht mehr eine bloße Sicherung für ein persönliches Rechts=Verhältniß geschaffen, sondern eine selbstständige dingliche Belastung des Grundstückes, und liegt eine persönliche Verbindlichkeit nicht einmal nothwendig zu Grunde. Die Verfolgung des Hypothekar=Rechtes gegen das Grund= stück kann durch Einreden aus dem persönlichen Schuldverhältniße nicht gehemmt oder beseitigt werden; dem Gläubiger haftet nur das Grundstück und nicht die Person des Eigenthümers. Dieser kann so= gar an seinem eigenen Grundstücke eine Hypothek besitzen. (Eigene Hypothek.) Es kann für den Grund=Eigenthümer von Werth sein, Hypotheken, je nach seiner Bedürftigkeit, mit besserer Priorität ver= geben zu können, als die bereits eingetragenen genießen. Das ist nur möglich, wenn die Hypothek keinen accessorischen Charakter besitzt.

Die preußische Hypotheken=Gesetzgebung*) ist diesem Bedürf= niße dadurch entgegengekommen, daß sie die Belastung von Grund= stücken sowohl durch eine Hypothek mit accessorischem Charakter, bei welcher der Schuld=Grund angegeben werden muß, als durch eine selbstständige Grundschuld ohne Angabe des Schuld=Grundes, ge= stattet. Durch die Selbstständigkeit der Hypothek kann das Schuld= Instrument die zu einem raschen Verkehre nöthige Einfachheit er=

---

*) Höingbaus a. a. O. S. 123. §. 19. S. 134 §. 27 (Motive).

halten, indem die Beifügung und der Nachweis des rechtsbeständigen Schuldgrundes, zu dessen Deckung die Hypothek dient, unnöthig wird. Dies hat man bei der „Grund-Schuld," die offenbar dem Institut der „Handvesten" nachgebildet ist, benützt und ist dadurch dem **Real-Wechsel** nahe genommen.

Die Einwendungen, welche man dagegen machte, daß nun die Grundeigenthümer den Werth ihrer Realitäten in einigen Papierstücken disponibel haben und durch die Leichtigkeit der Begebung derselben sich rasch ruiniren können, kann man tüchtigen Wirthen gegenüber wohl nicht geltend machen, da man sich sonst überhaupt gegen rasche und leichte Contrahirung von Schulden, z. B. auch bei Industriellen, aussprechen müßte.

Eine sehr bedeutsame Consequenz des durch die Anerkennung des Publicitäts-Principes geschaffenen selbstständigen Charakters der Hypotheken liegt ferner darin, daß sich die Richter bei Gelegenheit der Eintragung der Hypothek nicht mehr wie bisher von der Rechtsbeständigkeit der Schuld (der Legalität derselben) zu überzeugen brauchen und daß somit das **Legalitäts-Princip überflüssig** wird. Nothwendige Voraussetzung der Aufhebung dieses Principes ist die stricte Aufrechthaltung des Consens-Principes, welches darin besteht, daß der eingetragene Eigenthümer seine Zustimmung zur Eintragung der Hypothek ausdrücklich erklärt; hiedurch anerkennt er seine Schuld-Verpflichtung, das Recht des Gläubigers, die Eintragung zu begehren und ersetzt damit die Ueberprüfung seitens des Richters.

Die preußische Gesetzgebung hat das Publicitäts-Princip deutlich anerkannt. Die Eintragung der Erklärung des intabulirten Eigenthümers, sein Grund-Eigenthum übertragen zu wollen („Auflassung" genannt), genügt zur Vollziehung des Eigenthum-Ueberganges*). Das Legalitäts-Princip wurde aber trotz harter Kämpfe nicht aufgehoben.**)

---

*) **Höinghaus** S. 71, §. 1. Consequenzen hievon ziehen die §§. 6, 7, 10. 12, 15, 57 u. s. w.

) **Höinghaus a. a. O. S. 218 u. ff. §. 46 (Sammt Motiven) Nach unserer Ansicht wäre der erste der im Landtage gestellten Abänderungs-Anträge aufzunehmen gewesen, wonach der Grundbuch-Richter zwar nicht **berechtigt** ist, eine beantragte Einverleibung oder Löschung wegen Mängeln in dem zu Grunde liegenden Rechts-Geschäfte zu beanständen,

Die österreichische Gesetzgebung steht mit voller Entschiedenheit auf dem Legalitätsstandpunkte,*) indem das Befugniß des Einschreitenden, ferner Inhalt und Form der Urkunden einer genauen Prüfung zu unterziehen sind, und dem Ansuchen der Einverleibung oder Löschung nur dann Folge gegeben werden darf, wenn aus dem Grundbuche, in Ansehung der Liegenschaften oder des Rechtes, kein Hinderniß gegen die begehrte Eintragung hervorgeht.

Wenn nun auch das Publicitäts=Princip in seiner reinen Durchführung den Inhalt des verbücherten Rechtsgeschäftes von der formellen Richtigkeit des früheren Tabularstandes, auf welchen dasselbe gegründet ist, und von der materiellen Lage der Dinge unabhängig macht, so ist seine Wirksamkeit doch gewissen Beschränkungen unterworfen**). Es ist klar, daß überhaupt nur **Rechts**= und nicht **thatsächliche** Verhältnisse auf die publica fides des Grundbuches Anspruch machen können und auch bezüglich der Rechtsverhältnisse nur **jene** Eintragungen, für welche die Grundbücher ihrer Entstehungsgeschichte nach bestimmt sind, welche nämlich für die **dinglichen** Rechte an dem betreffenden Tabularkörper bedeutsam sind. Es braucht überdies

---

wohl aber **verpflichtet ist**, eine beantragte Eintragung oder Löschung zurückzuweisen, wenn die **gesetzlich wesentlichen** Formen der Anträge und der zur Eintragung erforderlichen Urkunden nicht erfüllt sind, oder wenn die Anträge mit den nach dem Gesetze vorzulegenden Urkunden im Widerspruche stehen. Da nach §. 18 der preuß. Hypotheken-Ordnung das Recht der Hypotheken- und Grund-Schuld durch die Eintragung im Grund-Buche entsteht, so muß dem Grundbuch-Richter bei dem Vorhandensein von wesentlichen Mängeln die Zurückweisung **zur Pflicht** gemacht werden, da sonst auf Grundlage einer derartig geschehenen Eintragung mannigfache Unzukömmlichkeiten entständen, so z. B. die Priorität nicht gewahrt werden könnte. Daß man durch die Fassung des §. 46 das Legalitäts-Princip nicht aufheben, sondern für die vorgelegten Urkunden nach Form und Inhalt eine Prüfung festsetzen wollte, beweisen die Motive hiezu, nach welchen der Antrag auf die vom Landtage auch acceptirte Fassung dieses §. bezwecke, zur Beseitigung der mannigfach ausgesprochenen **irrigen Ansicht**, daß das Legalitäts-Princip durch die vorliegenden Gesetz-Entwürfe aufgehoben werde, die Verpflichtung des Grundbuch-Richters, die bezeichneten Urkunden nach Inhalt und Form zu prüfen, ausdrücklich auszusprechen. Die allerdings nur negative und unklare Fassung des Regierungsentwurfes: „Steht der beantragten Eintragung oder Löschung ein Hinderniß entgegen, so hat der Grundbuch-Richter dasselbe dem Antragsteller bekannt zu machen" hielt der Berichterstatter mit Recht der Mißdeutung ausgesetzt und für nicht ausreichend.

*) Gr. B. G. §. 94
**) Exner a. a. O. S. 73 u. ff.

kaum erwähnt zu werden, daß die bücherlichen Eintragungen nur für Tabular-Acte als absolut glaubhaft anzusehen sind, somit für außerbücherliche Rechtsbeziehungen nicht in Betracht kommen, so daß Jemand, der im Vertrauen auf das öffentliche Buch irgend ein außerbücherliches Rechts-Geschäft abschließt, sich auf die absolute Wahrhaftigkeit des Grundbuches nicht berufen kann. Die Wirkung eines Tabular-Actes wird trotz der publica fides doch noch **anfechtbar** sein, wenn zur Zeit der Vornahme desselben der um die Durchführung des Actes Ansuchende die materiell rechtliche Grundlosigkeit seines Begehrens kannte, oder davon aus den öffentlichen Büchern Kenntniß haben konnte, oder dieses sonst aus den Umständen vermuthen mußte. Wenn z. B. ein irrthümlicher oder betrügerischer Tabular-Eigenthümer Hypotheken auf das Grundstück eintragen läßt, und er von seinem fehlerhaften Besitze Kenntniß hatte, oder leicht haben konnte, so ist eine solche Eintragung wegen mala fides anfechtbar. Ist diese **Schlechtgläubigkeit** nicht erweisbar, so muß die **materielle Rechtswidrigkeit**, wenn der Tabular-Stand anfechtbar werden soll, gegenüber dem speciellen Gegner nachgewiesen werden. Wenn z. B. niemals eine Pfand-Obligation existirt hatte, wenn auf einen nicht bestehenden Rechtsgrund hin eine Eintragung vorgenommen worden war, wenn also zwischen beiden Parteien gewisse, durch die Eintragung gesicherte Rechts-Beziehungen nicht bestanden haben, so sind die Folgen des Tabular-Standes zwischen den beiden streitenden Parteien anfechtbar. Die objective Giltigkeit des Tabular-Standes wird durch diese obligatorischen Rechts-Mittel zwar nicht alterirt, sie gewähren aber dennoch für den Benachtheiligten Hilfe. Es ergibt sich hieraus die Nothwendigkeit, daß, gerade weil die grundbücherlichen Eintragungen Formal-Acte sind, das Obligationen-Recht helfend eintrete, damit nicht einem Principe zu Liebe Unbilligkeiten und Rechtsverletzungen ungeahndet bleiben. Durch vollständige Anerkennung des Publicitäts-Principes wird also unter den angeführten Einschränkungen der hergestellte formelle Tabular-Stand zum **Rechts-Stande** des betroffenen Tabular-Körpers, sobald und soweit ein Rechtsverhältniß im Buch formell correct apparirt.

In Oesterreich geht das Publicitäts-Princip zwar seiner Verwirklichung entgegen, ist aber noch nicht zur vollen Reinheit durchgedrungen. Außer den schon angeführten Beweisen hiefür aus dem österr. Hypotheken-Rechte, z. B. dem accessorischen Charakter der Hypothek, der Tabular-Ersitzung des a. b. G. B. u. s. w., enthält auch die neue Grundbuchsordnung*) den Beleg hiefür. Als Beweis a contrario gegen die vollkommene Anerkennung des Publicitäts-Principes kann die entschiedene Aufrechthaltung des mit demselben unvereinbaren Legalitäts-Principes gelten. Allein wir finden auch directe Anhaltspunkte.

Unser Grundbuchgesetz**) erklärt zwar die bücherlich correcten Eintragungen für absolut richtig, doch mußte der durchschlagenden Wirkung dieses Principes ein Gegengewicht zur Seite gestellt werden, und hat man dies durch das Institut der „Anmerkungen" zu erreichen getrachtet. Wer eine Einverleibung auch gegen Dritte, somit nicht bloß gegen diejenigen Personen, welche unmittelbar durch die Einverleibung Rechte erworben haben oder von einer Last befreit wurden, als ungiltig bestreiten will, muß binnen der Recurs-Frist, also bevor die Entscheidung des Grundbuch-Gerichtes in Rechtskraft erwachsen ist, um Einverleibung der Streit-Anmerkung ansuchen. Diese Bestimmung ist völlig entsprechend und benimmt dem Publicitäts-Principe die einem Formal-Acte immer anklebende Härte, da man Jemandem binnen der kurzen Recursfrist***) zwar nicht die Einreichung einer völlig instruirten Löschungs-Klage, wohl aber deren Anmeldung zumuthen kann. Nach Ablauf der Recursfrist kann auf Löschung der bestrittenen Einverleibung gegen dritte Personen, die noch vor der Streit-Anmerkung bücherliche Rechte auf der fraglichen Realität erworben haben, nur dann erkannt werden, wenn sie hinsichtlich der Giltigkeit derselben sich nicht in gutem Glauben befunden haben. Diese Streit-Anmerkung ist jedoch nur dann gestattet, wenn der Streitwerber von der Bestellung der seinerseits angefochtenen Einverleibung vorschriftsmäßig verständigt worden war. Ist dies aus was immer für einem Grunde unterblieben, so endigt das Klagerecht auf deren Löschung gegen dritte Personen, welche weitere Rechte darauf in gutem Glauben erworben haben, erst b i n n e n 3 J a h r e n von dem Zeitpunkte an, in welchem die angefochtene Einverleibung beim Grundbuchgerichte

---

*) §§ 4, 63, 64 u. ff. des G. B. G. Exner S. 129.
**) §. 28.
***) Nach §. 127 Gr. B. G. bei Zustellungen innerhalb des Ober- Landes-Ger.ds-Sprengels 30 Tage, außerhalb desselben 60 Tage.

angesucht worden ist.*) Hiedurch wird das Geschehen oder Nichtgeschehen der vorschriftsmäßigen Zustellung, also eine oft vom Zufalle abhängige Aeußerlichkeit, von eminenter Wichtigkeit für die materielle Gestaltung der Rechts-Beziehungen. Das Vertrauen auf die Eintragungen im öffentlichen Buche muß dadurch auf's Tiefste erschüttert werden, indem man Eintragungen nicht als wahr annehmen kann, man hätte sich denn von der vorschriftsmäßig geschehenen Zustellung der Grundbuch-Bescheide überzeugt. Man hat hier eine Form auf die materielle Entwicklung der Rechts-Verhältniße in einschneidender Weise wirken lassen und dadurch das Verhältniß von Ursache und Wirkung verrückt. Wo die Ursache liegt, dort muß auch der Hebel zur Besserung angesetzt werden, hier also im Zustellungs-Wesen, das bei Grundbuch-Angelegenheiten, wie allgemein bekannt, den wundesten Punkt bildet. Durch die mangelnde Personalkenntniß seitens der zustellenden Gerichts-Personen, durch die große Zahl der Grundbuch-Acten, durch die zerstreute Lage der Wohnhäuser auf dem flachen Lande, endlich durch die hier waltende „Gemüthlichkeit", wird das Zustellungsgeschäft, trotz der allgemeinen Bestimmungen des §. 124 „die Grundbuch-Gerichte sind verpflichtet, über die schnelle und richtige Zustellung der Bescheide in Grundbuch-Sachen zu wachen", mit einer nicht zu großen Raschheit und oft mit ziemlicher Lauheit betrieben. Es ist bedauerlich, daß das neue Grundbuch-Gesetz nur auf die in dieser Richtung ungenügende Civil-Proceß-Ordnung compromittirt, und doch gäbe es wohl Abhilfsmittel, so z. B. daß die womöglich mit Caution angestellten Amtspersonen haftbar gemacht werden für den durch ein Versehen in der Erfüllung ihrer Amtspflicht entstandenen Schaden**), oder man könnte die Gemeinden wenigstens subsidiarisch bei der Zustellung heranziehen, damit dieselben etwa controllirend eintreten und dadurch den so schädlichen Namens- und Personen-Verwechslungen vorbeugen. Keinesfalls aber kann eine so bedeutende Schädigung des Publicitäts-Principes, wie sie hier statuirt wird, gebilligt werden.

---
*) § 64.
**) wie Exner a. a. O. S. 153 vorschlägt. Hiedurch könnte zwar die Sicherheit bei der Zustellung einigermaßen erhöht, gewiß aber nicht durchgreifend hergestellt werden, da im Falle eines halbwegs bedeutenden Schadens die sicherlich nur geringe Caution zum Ersatz nicht hinreichen würde.

Eine weitere bedeutsame Folge des Publicitäts-Principes ist die, daß der Tabular-Proceß ein beschleunigter sein und sich immer mehr dem Wechsel-Proceße nähern kann. Dieser ist nur deshalb ein so rascher, weil, die formelle Correctheit des Wechselbriefes vorausgesetzt, gegen die Rechtsbeständigkeit desselben vor Erfüllung der daraus erwachsenden Zahlungspflicht keine Einwendung gemacht werden kann. Der Rechtsgrund des Wechsels wird durch seine strenge Form ersetzt. Das Gleiche soll nach den gemachten Auseinandersetzungen bei den verbücherten Rechten der Fall sein, und da somit alle Einreden vor Erfüllung der Pflicht wegfallen, steht einer Beschleunigung des Processes kein principielles Bedenken mehr im Wege.

Eine Frage, die bei der Besprechung des neuen Grundbuch-Gesetzes in Oesterreich nicht umgangen werden kann, ist der Legalisirungs-Zwang.*) Derselbe besteht bekanntlich darin, daß bei Privat-Urkunden, auf Grund welcher eine Einverleibung oder die Anmerkung der Rang-Ordnung begehrt wird, die Unterschriften gerichtlich oder notariell beglaubigt sein müssen. Diese Bestimmung wurde erst nach langen parlamentarischen Kämpfen in das Gesetz aufgenommen, und selbst nachdem sie die legislative Sanction erhalten hatte, entwickelte sich gegen dieselbe eine sehr lebhafte Agitation, welche bis in die gesetzgebenden Körperschaften drang und dort neuerlich langwierige und hitzige Debatten hervorrief. Da über diese Frage viele Gemeinden, Vereine und andere Körperschaften Petitionen absandten und Resolutionen faßten**), und da sie wirklich von großer Bedeutung ist, so wollen wir unser Urtheil über dieselbe nicht zurückhalten und es etwas genauer motiviren, um so mehr als es ein von dem tonangebenden abweichendes ist.

Die Gründe, die man gegen den Legalisirungs-Zwang und für dessen Beseitigung vorbrachte, sind mehrfache. Es werde durch denselben die Abschließung von Darlehen für die Landwirthschaft erschwert, die bezweckte Sicherheit nicht erreicht, der Immobilien-Verkehr gehemmt, er belästige die Landbevölkerung mit ungerechtfertigten

---

*) §§. 31 u. 53 Gr. B. G.
**) So hat auch der Anfangs 1873 abgehaltene Agrar-Congreß sich in seiner überwiegenden Majorität gegen den Legalisirungs-Zwang ausgesprochen. S Verhandlungen des agrarischen Congresses in Wien 1873, nach den stenographischen Protokollen zusammengestellt im k. k. Ackerbauministerium. S. 118.

Schwierigkeiten bei Verfassung der Tabular-Urkunden und erzeuge dadurch Mißstimmung in derselben; er vertheuere den ohnehin kostspieligen Real-Credit noch mehr u. s. w. — Hiedurch hat sich eine Minorität im Abgeordnetenhause bewogen gefunden, den Antrag auf Aufhebung des damals bereits gesetzlich eingeführten Legalisirungs-Zwanges einzubringen, worüber das Haus zwar zur Tagesordnung überging, jedoch die Regierung aufforderte, im geeigneten Wege über die Erfolge des Legalisirungs-Zwanges für Grundbuch-Urkunden Erhebungen zu pflegen.*) Die Anfechtungen des Legalisirungs-Zwanges dauerten fort, und bewogen das Abgeordnetenhaus im Jänner 1873 zu einer neuerlichen Berathung der Frage. Das Ergebniß war ein Gesetz-Entwurf, wonach die Legalisirung der Unterschriften auf Tabular-Urkunden facultativ sein sollte.**) Das Abgeordnetenhaus erhob diesen Antrag zum Beschluße, und leitete denselben an das Herrenhaus, dessen juridische Commission***) die Ablehnung desselben beantragte, welchem Antrage das Haus zustimmte. Ein neuerlicher Beschluß des Abgeordnetenhauses liegt hierüber nicht vor und können wir, nachdem wir damit den Stand der Angelegenheit in der österr. Legislative gekennzeichnet haben, auf die Würdigung der Frage selbst übergehen.

Vorerst wollen wir constatiren, daß die Gründe, welche das Abgeordneten-Haus zu dem über den Legalisirungs-Zwang gefaßten Beschluße bewogen, nicht **principiell** gegen denselben gerichtet sind. In den oben citirten Berichten wurde angenommen, daß Mißstimmung gegen den Legalisirungs-Zwang durch dessen Belästigung und Kostspieligkeit unter der Bevölkerung hervorgerufen sei, ferner „in Erwägung, daß es allerdings wichtige Gründe gebe, welche die **obligatorische** Einführung strengerer Beurkundungs-Formen

---

*) Bericht des zur Vorberathung des Antrages des Abgeordneten Dr. Knoll und Genossen, betreffend Aufhebung des Legalisirungs-Zwanges für Grundbuch-Urkunden, eingesetzten Ausschußes vom 24. Mai 1872. Nr. LIV/A. H.

**) Bericht des zur Vorberathung des Antrages eingesetzten Ausschußes Nr. CIX/A. H. Dieser Gesetzentwurf sollte für Böhmen, Mähren, Schlesien, Ober- und Nieder-Oesterreich, Salzburg, Steiermark, Kärnthen, Krain, Tirol und Vorarlberg, Görz und Gradiska wirksam sein.

***) Bericht der juridischen Commission des Herren-Hauses über den Gesetz-Entwurf betreffend eine Aenderung der §§ 31, 53, 95 des a. G. B. G. v 25. Juli 1871 Nr. 2374/H II.

für gewisse Rechts=Geschäfte zur Nothwendigkeit machen, daß es aber in der Regel dem Verkehre selbst überlassen werden müsse, die Nützlichkeit oder Verwerflichkeit einer Maßregel zu beurtheilen, welche in der Meinung getroffen wurde den Verkehr zu schützen. Da ferner durch Petitionen und Beschlüsse vieler Landtage*) der Legalisirungs=Zwang in seiner bisherigen Ausdehnung als den Verkehr beeinträchtigend dargestellt wurde und in Erwägung, daß es etwa einer künftigen günstigeren Situation vorzubehalten wäre, den Legalisirungs=Zwang oder noch zweckmäßigere Maßregeln zur Authentisirung der Grundbücher oder Mobilisirung des Tabular=Verkehrs einzuführen, beschloß man den in dem citirten Entwurfe mitgetheilten Aushilfsweg. Dieses vom Abgeordnetenhause vorgeschlagene Compromiß ist jedoch nach keiner Richtung hin befriedigend. Die Neigung des Abgeordneten=Hauses für den Legalisirungs=Zwang geht daraus hervor, daß man in diesem Gesetzentwurfe auf die Vornahme der Legalisirung eine bedeutende **Prämie** gesetzt hat. Eintragungen, welche auf Grund von Urkunden, deren Unterschriften legalisirt sind, vorgenommen werden, sind mit dem Eintreten der Rechtskraft des Grundbuch=Bescheides absolut wirksam,**) Eintragungen auf Grund nicht legalisirter Urkunden erst nach Ablauf von 3 Jahren.***) Wir haben schon oben unsere principielle Ansicht über den Werth dieser Bestimmungen unseres Grundbuchs=Gesetzes ausgesprochen, und erklären uns in Consequenz dieser Erörterungen g e g e n die beabsichtigte Verschiedenheit in der Wirksamkeit der Tabular=Urkunden, da hiedurch die Anwendbarkeit des von uns bekämpften §. 64 noch weiter ausgedehnt würde. Man hat bei diesem Gesetzentwurfe außer Acht gelassen, daß es hiedurch dem Eintragungs=Werber möglich wird, die Wirksamkeit des Rechtes dritter Personen bis auf 3 Jahre hinauszuschieben und dadurch die publica fides des Grundbuches wesentlich zu schmälern und zu verwirren. Um sicher zu sein, daß eine Eintragung zu Recht besteht, müßten alle in den letzten 3 Jahren geschehenen Intabulationen darauf geprüft werden, ob die Unter-

---

*) In den Landtagen von Galizien, Bukowina, Krain, Görz, Istrien und Triest wurde weder eine Petition noch ein Antrag, auf die Legalisirungsfrage bezüglich, eingebracht, im oberösterreichischen und mährischen Landtage über derartige Anträge kein Beschluß gefaßt.
**) § 63 Gr. B. G.
***) § 61. G. B G

schriften der betreffenden Urkunden legalisirt waren oder nicht, — ein Vorgang, der sowohl die Sicherheit des Grundbuches als auch die Raschheit des Hypotheken-Verkehres erheblich schädigt. Bemerkenswerth ist auch, daß dieses Gesetz für Galizien, die Bukowina, Triest, Istrien und Dalmatien keine Anwendung finden soll, offenbar weil die Vertreter dieser Länder den Legalisirungs-Zwang als ein geeignetes Förderungsmittel für den Grundbuchverkehr ansehen. Hiebei darf man nicht vergessen, daß in den meisten dieser Länder die so sehr betonten Schwierigkeiten, welche der Landbevölkerung durch die Legalisirung aufgelegt werden, in erhöhtem Grade zur Perhorrescirung derselben auffordern würden.

Von der größten Bedeutung sind die Ergebnisse der Erhebungen des Justiz-Ministeriums,[*] welches von den Ober-Landes-Gerichts- und Landes-Präsidien der Monarchie Berichte abforderte. Aus dieser Denkschrift geht hervor, daß seit dem Bestehen des Legalisirungs-Zwanges nirgends eine mit demselben im Zusammenhange stehende Abnahme des Tabular-Verkehres wahrgenommen werden konnte, so daß man, auf actenmäßige Erhebungen gestützt, behaupten kann, es sei bisher, und zwar, was nicht zu übersehen ist, gerade in der Zeit der Proteste gegen den Legalisirungs-Zwang, durch denselben für den Tabular-Verkehr keine Schädigung erwachsen. Man hat energisch betont, daß die Beschaffung der nöthigen Identitäts-Zeugen schwierig sei, daß nicht blos der Landmann seine Zeit versäume, sondern auch diejenigen, welche ihn an den Sitz eines Gerichtes oder Notares zu begleiten haben. Dem gegenüber wird constatirt, daß es nur in den seltensten Fällen nothwendig geworden sei, daß eine Partei eine andere Person aus ihrem Wohnorte lediglich zum Behufe der Identitäts-Nachweisung mitnehme. Bei der Lebhaftigkeit des Verkehrs mit landwirthschaftlichen Producten ist es, dem übereinstimmenden Urtheile vieler am Lande wohnender Männer zu Folge, dem Landwirthe fast immer ein Leichtes, an Ort und Stelle brauchbare Identitäts-Zeugen in Hülle und Fülle zu finden. Da der Landwirth zu gewissen Zeiten, insbesondere an Sonn- u. Feiertagen, fast

---

[*] „Ergebnisse der Erhebungen, betreffend die Fälschung von Tabular-Urkunden und die Wirkungen der in dem Gr. B. G. enthaltenen Legalisirungs-Vorschriften", welche mir vom Justiz-Ministerium in freundlicher Bereitwilligkeit zugänglich gemacht wurden.

regelmäßig an den Sitz eines Gerichtes kommt und die hier in Rede stehenden Urkunden meist nicht sehr dringender Natur sind, so ist derselbe fast nie gezwungen, seine Wirthschaft der Legalisirung halber zur Unzeit zu verlassen.

Als eine schwer wiegende Einwendung muß die Behauptung gelten, daß die Constatirung der Identität auf eine nicht sehr exacte Weise vorgenommen und dadurch der Zweck der Legalisirung vereitelt werde. Es mag wohl besonders in Orten wo die Advocaten oder gar die Winkelschreiber dominiren, vorkommen, daß der Notar weniger kritisch bei Feststellung der Identität vorgeht; allein abgesehen davon, daß auch gerichtliche Legalisirungen möglich sind und ein derartiger Vorwurf dem Stande der Notare im Allgemeinen wohl nicht gemacht werden kann, ohne denselben in ganz ungerechter Weise herabzusetzen, dürfte man selbst beim Vorhandensein einer größeren Anzahl derartiger Laxheiten doch nicht von der schlechten Ausführung des Grundsatzes auf dessen Verwerflichkeit schließen. Der Notar legalisirt, wenn ihm die Partei nicht bekannt ist, nur über Bestätigung von zwei ihm persönlich bekannten völlig glaubwürdigen Zeugen.*) Die Qualificationen der Identitätszeugen sind aber nirgends gesetzlich festgestellt. Keinesfalls kann man die gerichtsordnungsmäßigen Eigenschaften von Zeugen fordern**), wonach z. B. Verwandte bis zum 4. Grad, Dienstleute u. s. w. ausgeschlossen sind. Ja noch mehr, in der N. O.***) wird ausdrücklich erklärt, daß wenn die Identität nicht auf die angeführte Art bewiesen werden kann, stets in den Acten ausdrücklich bemerkt und angegeben werden müsse, welche anderen Behelfe dem Notar zur Bescheinigung der Person vorgelegen seien. Dem Richter bleibt es in streitigen Fällen überlassen, die Beweiskraft derartiger Behelfe zu beurtheilen. Die Notare sind daher nur an ihr eigenes gewissenhaftes Urtheil gebunden, ob durch die vorhandenen Beweise die Identität festgestellt ist oder nicht. Da es also streng genommen für den Notar keine bestimmten Normen in dieser Richtung gibt, dürften auch die auf derartigen Voraussetzungen basirten Vorwürfe erheblich an Bedeutung verlieren und kann man z. B.

---

*) § 79 der Not. Ordnung vom 21. Mai 1855.
**) § 140 u. ff. a. G. O. vom 1. Mai 1781. J. G. S. Nr. 13
***) § 46.

die nicht geschehene Zuziehung von zwei Zeugen durchaus nicht als eine Laxheit hinstellen, was doch mehrfach geschieht.

Von den durch das Justiz=Ministerium befragten Behörden rieth nur die Landes=Regierung von Kärnthen auf Beseitigung der Legalisirungs=Vorschriften ein, während die Gerichte und die überwiegende Mehrheit der Bezirkshauptleute in Kärnthen diese Ansicht nicht theilten. Eine sehr geringe Zahl von Unterbehörden wünschte unwesentliche Aenderungen, alle übrigen sprachen sich für Beibehaltung der Legalisirung aus, obwohl hiedurch ihre Arbeitslast sich erhöht.

Wirklich Bedenken hervorzurufen geeignet ist jedoch die Art, wie die mehrfach behauptete Mißstimmung in die Bevölkerung gekommen ist. Nach der übereinstimmenden Ansicht vieler unparteiischer Männer, wie dies auch aus den Erhebungen des Justiz=Ministeriums hervorgeht, entstand dieselbe nur an den wenigsten Orten spontan in den meisten Fällen wurde sie in die Bevölkerung von außen hineingetragen. Es ist bekannt, daß politische und persönliche Motive mitgewirkt haben, um die Wellen der Agitation so hoch gehen zu machen, daß sie in einer sehr bedeutenden Anzahl von Petitionen ihren Ausdruck fand. Wenn auch die numerische Menge derselben imponiren mag, so verlieren diese Emanationen doch sehr an Werth, wenn man erfährt, daß viele dieser Petitionen wörtlich gleichlautend, zum Theil sogar nach lithographirten Schablonen verfaßt sind. Interessant ist auch die Thatsache, daß ein Landesausschuß nach Absendung einer Petition um Aufhebung der Legalisirungs=Vorschriften die Gemeindevorstände beauftragte, über die nachtheiligen Wirkungen derselben zu berichten. Wenn nun durch diese Erhebungen sowohl, als auch durch die vielfachen verbürgten Aussagen von Männern, welche in der Mitte der Land=Bevölkerung leben, erwiesen ist, daß der Grad der Mißstimmung zum mindesten arg übertrieben wurde, so wäre andernseits eine solche unschwer zu begreifen, da die Legalisirung Kosten verursacht. Diese Kosten sind aber so unbedeutende, daß sie im Vergleich mit den übrigen Spesen bei Grundbuchacten nicht ins Gewicht fallen. Die Gebühren für eine notarielle Beglaubigung stellen sich folgendermaßen: Die Legalisirungs=Protokolle sind in allen Fällen stempelfrei; für die Legalisirungs=Clausel in Grundbuch=Angelegenheiten ist auf die Urkunde ein 10 fr. Stempel zu geben und für die Legalisirung einer Unterschrift 60 kr., für jede andere gleichzeitig zu legalisirende Unterschrift 30 kr. zu entrichten. Ist der Werth, auf den die Urkunde lautet, unter 100 fl., so beträgt die Legalisirungs-Gebühr pr. Kopf 30 kr. Wenn also die Parteien gleichzeitig vor dem Notare erscheinen, wird die Legalisirung wesentlich geringere Kosten verursachen als im entgegengesetzten Falle. Bei gerichtlicher Legalisirung ist Alles in Allem ein 36 kr. Stempel beizubringen. Wenn man bedenkt, daß Eingaben um Einverleibungen, wenn der Werth des einzutragenden Rechtes 50 fl. nicht übersteigt, einen Stempel von 36 kr., wenn er 100 fl. nicht übersteigt von 75 kr., sonst einen Stempel von 1 fl. 50 kr. vom ersten Bogen verlangen*), daß die Urkunden über Kaufverträge von unbeweglichen Gütern pr. Bogen einem Stempel v. 50 kr.**), Hypothekar-Verschreibungen dem Werth = Stempel***) nach Scala II. unterliegen, daß endlich bei Uebertragungen von Realitäten unter Lebenden durch entgeltliche Rechts-Geschäfte 3 ½ % vom Werth sammt 25 % außerordentlichem Zuschlag zu bezahlen sind, so muß man billig zugeben, daß der geringe Betrag für die Legalisirung der Unterschriften nicht in's Gewicht fällt. Von viel größerer Bedeutung als das Hervorheben und Bekämpfen der Kostspieligkeit des Legalisirungs-Zwanges erschiene uns ein eben so unermüdeter Krieg gegen die hohen **Uebertragungs-Gebühren** bei Grundeigenthum†) da dieselbe den Verkehr mit Grundstücken und Hypotheken ernstlich beeinträchtigen und dies auch längst allgemein anerkannt ist. Da bei Bemessung des zahlungspflichtigen Werthes die Hypothekar = Schulden nicht abgerechnet werden, so stellt sich die thatsächliche Belastung durch diese Taxen noch bedeutend höher.

Es ist bekannt, daß die bäuerliche Bevölkerung das Grundbuch durchaus nicht immer benützt. Der Bauer kümmert sich eben nicht darum, daß er erst durch die Intabulirung völlig berechtigter Besitzer wird, und erst bei Streitigkeiten werden ihm die Folgen seiner Nachlässigkeit klar. In der Regel wirthschaftet er ruhig weiter und verkauft oder vererbt schließlich seinen Acker.

---

*) Geb. G. vom 9. Februar 1850 T. P. 43 K.
**) Geb. G. T. P 65 Ab.
***) Geb. G. T. P. 61.
†) Mascher a. a. O. S. 802 u. ff. Der Agrar-Congreß (1873) hat das Ackerbau-Ministerium ersucht, für die thunlichste Verminderung der Intabulations- und Uebertragungs-Gebühren einzutreten. S. 119.

Der Nachfolger macht es ebenso, und will endlich einer seine Anschreibung erwirken, so mag er zusehen, wie er die nöthigen Urkunden beibringt. Es kommt nicht allzuselten vor, daß sechs und noch mehr Besitzveränderungen für dieselbe Realität auf einmal durchgeführt werden müssen. Gewiß sind an diesen bedauerlichen Zuständen, durch welche die Eintragungen im Grundbuch ganz **unverläßlich** werden, die hohen Grundbuch-Gebühren zum guten Theile schuld. Dem Bauer kommt es hauptsächlich auf den physischen Besitz an. Da er sich die juristische Sanction desselben mit schwerem Geld erkaufen müßte, so unterläßt er sie eben. Diese Kosten sind Gebühren*) im technischen Sinne des Wortes, dazu bestimmt, um die Kosten der öffentlichen Bücher zu decken, und werden von demjenigen behoben, der das Grundbuch zur Sicherung seines Rechtes benützt. Der Staat hingegen behandelt dieselben vom fiscalischen Gesichtspunkte. Einerseits erklärt er, daß dingliche Rechte an Grundstücken nur durch Eintragung in die öffentlichen Bücher erworben werden können, andernseits schreckt er von der Befolgung dieser Vorschrift durch eine zweckwidrig hohe Auflage ab. Die dem Grundbuche zu Grunde liegende Idee kann nur dann erreicht werden, wenn dasselbe **ausnahmslos** in allen dahin gehörigen Fällen benützt wird. Dem zu Folge sind übermäßig hohe Kosten im principiellen Widerspruche mit dem Grundgedanken der öffentlichen Bücher. Diese Gebühren sind auch für den Tabular-Verkehr schädlich; sobald sie nämlich eine irgend nennenswerthe Höhe erreichen, wirken sie wie eine Ertrags-Steuer als Vermögens-Confiscation. Sie vermindern den Werth des Grundstückes in der Hand des zuerst Betroffenen um ihren capitalisirten Betrag.

In Preußen ist bei den freiwilligen Veräußerungen von inländischen Grundstücken u. s. w. 1% vom Werthe des veräußerten Gegenstandes zu bezahlen**), wobei jedoch ebenfalls die Hypothekar-Lasten nicht in Abzug gebracht werden. Trotz dieser für Oesterreich ein Ideal bildenden Abgaben wurde im Jahre 1870 im preußischen Landes-Oekonomie-Collegium der Antrag auf Herabsetzung dieser Taxe auf $\frac{1}{3}$%, analog den Gebühren für Uebertragungen beweg-

---

*) Rau „Finanz Wissenschaft" 5. Aufl. 1864 I. S. 348 u. ff. insbesondere S. 365.
**) Höinghaus S. 291 §. 1.

licher Sachen, gestellt und angenommen; doch ist die Regierung auf denselben bisher nicht eingegangen*).

Wenn ein Gesetz Mißstimmung hervorruft, so darf sie zwar den Gesetzgeber nicht sogleich zum Aufgeben seiner Ansicht bewegen, er darf sich vor derselben aber auch nicht verschließen, vielmehr muß er auf das Eifrigste bestrebt sein, den Werth dieser Stimmung und der für ihn entscheidend gewesenen legislativen Gründe abzuwägen. Hier dürfte nun eine Thatsache von entscheidendem Gewichte sein, welche der allgemein verbreiteten Ansicht, daß Tabular-Urkunden den Fälschungen nicht ausgesetzt seien, auf das schärfste widerspricht. Durch die Erhebungen des Justiz-Ministeriums wurde nämlich actenmäßig constatirt, daß im Decennium 1861—1870 1581 **Fälschungen von Tabular-Urkunden** zur Kenntniß der Strafgerichte gekommen sind, so daß beiläufig für jeden zweiten Tag eine Fälschung zu verzeichnen ist. Bei diesen 1581 Fällen war in 115 Fällen mehr als eine Urkunde gefälscht worden. Davon qualificirten sich 244 als Verbrechen, bei der Mehrzahl wurde die Untersuchung eingestellt. Hiebei kann nun mit voller Bestimmtheit behauptet werden, daß eine große Anzahl von Fälschungen schon deßhalb nicht zur Kenntniß der Strafgerichte kommt, weil vieles, was man entschieden als Falsum bezeichnen muß, sowohl vom Thäter als dem Betroffenen nicht als solches angesehen wird, weil ferner für den Beschädigten durch eine Strafanzeige oft die letzte Hoffnung auf Ersatz verschwinden würde, weil man den Fälscher oft aus Familien-Rücksichten schont, oder endlich deshalb, weil die Fälschung der Art beschaffen ist, daß man sie nicht mit Sicherheit unter die Begriffbestimmung des Betruges subsumiren kann. Zur Illustrirung dieser Fälle kann eine kleine Sammlung von Thatsachen aus der jüngsten Vergangenheit dienen**).

Man wird hier drastische Fälle finden, in denen insbesondere oft mit dem Namen der Ehefrau leichtsinniges Spiel getrieben wird, wo „zur Ordnung des Grundbuchstandes" Urkunden mit den Unterschriften längst verstorbener Personen präsentirt werden, wo zur Er-

---

*) „Der österreichische Oekonomist" ex 1870 Nr. 35.
) Roncali Leone Dr. Beiträge zur Legalisirungs-Frage in Oesterreich Wien 1873. Ein lesenswerthes Schriftchen, das umso verdienstlicher ist als sich der Verfasser, ein Notar, durch das pro **domo nicht abhalten ließ, seine **thatsächlichen** Erfahrungen mitzutheilen.

langung von Sparcassa = Darlehen Satzweichungen mit falschen Namen ausgestellt werden, wo die zufällige Gleichheit des Namens, was in bäuerlichen Familien sehr häufig vorkommt, zu Fälschungen benützt wird, wo die Leichtigkeit, mit welcher Jemand „aus Gefälligkeit" einen fremden Namen auf die Urkunde oder den Zustellungsbogen setzt, wenn er glaubt, die Genehmigung des Unterschriebenen nachträglich zu erhalten, vielfältig bewiesen wird. Alle diese Fälle involviren Fälschungen, und doch erfolgte in den seltensten Fällen eine gerichtliche Anzeige; die meisten derselben wären durch die Legalisirung hintangehalten worden, oder ist dies sogar thatsächlich geschehen.

Die zahlreichen Einstellungen derartiger Untersuchungen erklären sich daraus, daß die Betheiligten von dem ihnen als Verwandten zustehenden Rechte Gebrauch machen und sich der Aussage entschlagen, oder daß man in vielen Fälschungen von Satzweichungen und Löschungen den Thatbestand einer strafbaren Handlung nicht fand, indem man annahm, es sei für die Forderung des Hypothekar = Gläubigers noch hinreichend Deckung vorhanden, oder er werde in anderer Weise befriedigt werden. Ja man hielt in mehreren Fällen die bestrittene Behauptung von dem Vorhandensein einer dem Inhalte der gefälschten Urkunde entsprechenden Forderung für hinreichend, um die Angelegenheit an den Civil=Gerichts=Weg zu verweisen.

Das wichtigste Motiv für den Legalisirungs=Zwang ist aber ein **principielles**. Nach unserer Auseinandersetzung über die Publicität halten wir es für nothwendig, daß jede Eintragung im Grundbuch sogleich absolut wirksam werde. Wenn nun diese Ansicht richtig ist, so muß dahin gewirkt werden, daß die zur Eintragung dienenden Urkunden Fälschungen möglichst entrückt werden, und gewinnen von diesem Gesichtspunkte aus die vom Justiz=Ministerium publicirten Daten wesentlich an Bedeutung. Zwar ist das Legalitäts=Princip keine Consequenz des Publicitäts=Principes, der Richter hat sich um den Inhalt der vorgelegten Urkunden nicht zu kümmern, er hat die freie Erklärung des zu derselben Berechtigten als genügend anzusehen; aber es muß dafür gesorgt werden, daß die bindende, durch das Grundbuch zur absoluten Wirksamkeit zu bringende Erklärung auch wirklich nur von demjenigen ausgehe, der hie=

3

zu berechtigt ist. Diesen Zweck erreichen zu helfen, ist der Legalisirungs-Zwang geeignet.*) Niemand wird behaupten wollen, daß durch die Legalisirung alle Fälschungen hintangehalten werden können und dadurch der Zweck derselben, daß nur objectiv Wahres in das Grundbuch kommt, vollkommen erreicht werden könne. Das ist aber bei keiner menschlichen Institution möglich und darf nicht abhalten, die von allen Seiten als nothwendig erkannte Sicherung der Grundbuch-Eintragungen auf diese Weise zu erstreben. Das Bessere ist des Guten Feind.

Wenn es nun zweifellos ist, daß durch die bisherigen Sicherungs-Maßregeln die Vertrauenswürdigkeit der Grundbücher durchaus nicht hergestellt werden konnte, dieselben vielmehr eine Unzahl völlig falscher Eintragungen enthalten, so ist es gewiß ungerechtfertigt, gegen die vorgeschlagene Modalität, welche nach übereinstimmenden Ansichten die Glaubwürdigkeit derselben zu erhöhen geeignet ist, aber manchmal eine Belästigung mit sich bringt, eine Agitation einzuleiten, wie dies beim Legalisirungs-Zwange geschehen ist.

Wir haben bei Besprechung der Principien des Grundbuches eine Reihe von Punkten erwähnt, deren Aenderung für unser Grundbuchwesen förderlich, oder worüber wenigstens eine eingehende sachliche Discussion am Platze wäre. Nichts destoweniger hat sich die Agitation auf den einzigen Punkt geworfen, welcher allerdings dadurch, daß nebensächliches pecuniäres Interesse ins Spiel kommt, der Menge leicht zugänglich gemacht werden konnte. Gewiß ist hier viel Oberflächlichkeit mit unterlaufen. Man lasse wenigstens wieder ein Decennium verstreichen und beurtheile dann auf Grund zweifellos erhobener Thatsachen die Einwirkung der Legalisirung auf die Sicherheit und Intensität des Tabular-Verkehres. Hat sie sich nicht bewährt, so versuche man es mit andern Sicherungsmitteln.

---

*) Es dürfte hier am Platze sein, auf den Widerspruch zwischen meiner Abstimmung im Agrar-Congresse und der von mir hier vertretenen Ansicht hinzuweisen. Ich habe meine dort dokumentirte Ansicht durch eingehendes Studium der Theorie und vielseitige Orientirung in der Praxis geändert, und scheue mich nicht, dies hier offen auszusprechen, umsoweniger als in der letzten Zeit Männer, die in ihrer Gemeinde großes Ansehen genießen und mehrere Petitionen gegen den Legalisirungs-Zwang unterschrieben hatten, jetzt, nachdem die Hitze der Agitation verflogen ist und sich das praktische Leben geltend gemacht hat, für Aufrechthaltung der Legalisirungs-Vorschriften eintreten.

Auch die Verfechter des Legalisirungs=Zwanges behaupten nicht, und können dies auch nicht, daß es keine bessere Assecuranz gegen falsche Eintragungen gebe, als die Legalisirung der Unter= schriften. Die Thätigkeit der Gegner ist aber eine destructive. Sie reißen nieder, setzen aber nichts an die leere Stelle. Das Einzige, was als Ersatz geboten wird, ist der Vorschlag, das Zustellungs= wesen zu verbessern. Gewiß ist das nöthig, aber nicht hinreichend, und jedenfalls fehlt bis zum Zeitpunkte der Durchführung dieser Regelung, wenn sie überhaupt ganz entsprechend vollzogen werden kann, ein genügendes Sicherungs=Mittel.

Wenn man das Grundbuchgesetz eingehend prüft, kommt man auf manche Auslassungen und Widersprüche, die einer Beachtung werth wären,*) aber in der bisher stattgefundenen einseitigen Agitation gänzlich übersehen werden.

So enthält al. 2 des fast zu Tode gehetzten §. 31 einen offen= baren Irrthum.

Es heißt darin, daß „auf Grund von Urkunden eines Macht= habers eine Einverleibung gegen den Machtgeber nur dann bewilligt werden kann, wenn die von diesem ausgefertigte Vollmacht ent= weder auf das bestimmte Geschäft lautet oder doch nicht früher als innerhalb eines Jahres vor dem Ansuchen um die Einver= leibung ausgestellt ist." Es soll hier offenbar heißen „vor Aus= stellung der Urkunde," da dem Gedanken Ausdruck gegeben werden soll, daß vom Machthaber eine Vollmacht, die früher als ein Jahr vor Ausstellung der zur Eintragung dienenden Urkunden gegeben wurde, nicht mehr als Deckung für eine so wichtige Angelegenheit wie es die Veräußerung oder Belastung von Grund und Boden ist, benützt werden darf.

Bei Festsetzung der Recurs=Frist**) hat man eine durchgreif= fende Regel aufgestellt, aber übersehen, daß z. B. für executive Pfand=Rechts=Einverleibungen eine 14tägige Recursfrist gerichts= ordnungsmäßig normirt ist. Gilt hier nun das Grundbuch, oder die Gerichts=Ordnung? So könnte man noch einige Sonderbarkeiten des Grundbuchgesetzes namhaft machen. Eine solche ist es doch, wenn

---

*) Wir verdanken diese Anregung einem unparteiischen Praktiker.
**) §. 27. Gr. B G.

§. 85 bestimmt, daß die Grundbuchskörper in dem Gesuche ebenso genannt werden sollen, wie es im Grundbuche steht,*) obwohl diese Bezeichnung nur im Gesuche, nicht aber auch in der Urkunde gebraucht werden muß.

Gewiß nicht ohne Bedeutung für die Beurtheilung dieser Frage ist der Umstand, daß in Preußen, wo die Schaffung der neuen Hypotheken- und Grundbuchs-Gesetze viele Jahre gedauert hat und auf Grund der eingehendsten Forschungen und Erhebungen auf dem Gebiete der Theorie und Praxis durchgeführt wurde, der Legalisirungs-Zwang in der bei uns üblichen Art ebenfalls besteht,**) und daß von einer Mißstimmung dagegen von dort her nichts bekannt geworden ist.

In der Theorie***) wird die Frage ventilirt, ob man die Vornahme der Beglaubigung auf Gerichte oder Notare beschränken soll, oder ob man das Recht „den Willen der Parteien, daß Eintragungen und Löschungen vorgenommen werden sollen, für die Hypothekar-Behörden als existirend festzustellen," auch anderen Persönlichkeiten einräumen soll. Man hat vorgeschlagen, dieses Befugniß den Verwaltungs-Behörden zuzugestehen, „überhaupt allen Beamten, die leicht zugänglich sind, ein öffentliches Dienstsiegel führen, den nöthigen Grad von Geschäftskenntniß, allgemeiner Bildung, Zuverläßigkeit und Autorität nach Außen besitzen." Mascher schlägt weiters vor, „in jeder Stadt Procuratoren anzustellen, denen die Ausstellung solcher Beglaubigungen übertragen werden könnte", und um dem nahe liegenden Vorwurfe zu begegnen, daß hiedurch die Legalisirung für die Landbevölkerung sehr erschwert werde, projectirt er ferner, daß man „die ländlichen Gemeindevorsteher zu Organen solcher Hypothekar-Procuratoren machen solle." Wir sind der Ansicht, daß alle diese Vorschläge der Ueberlegung werth sind, daß sie aber, wenigstens jetzt, in Oesterreich nicht ausgeführt werden können.

Wir glauben, daß juridische Bildung für den Legalisirenden nicht unumgänglich nothwendig, aber sehr wünschenswerth ist, weil es

---

*) Diese Benennungen sind völlig antiquirt, oft genug erheiternd so z. B. „Eine Hall negst der Lacken, so das Himmelreich genannt," „Acker beim Lahmgstettl," „Simandl Wiese," „ein salva venia Abdeckerhäusl" u. s. w.
**) Höinghaus S. 212 §. 33. Mascher 704 u. ff.
***) Mascher S. 710 u. ff.

eine werthvolle indirecte Wirkung des Legalisirungs-Zwanges bildet, die Bevölkerung an befugte Urkunden-Verfasser zu gewöhnen, und daß hiebei die Contrahenten juridischen Rath bekommen. Zwar hat sich der Legalisirende auf den Inhalt der Urkunde nicht einzulassen, allein häufig genug werden Besprechungen über das abzuschließende Geschäft dem Gerichts-Beamten oder Notare Gelegenheit bieten, ohne die ihm gesetzlich gezogene Schranke zu überschreiten, einen Wink zu geben. Es ist heute der Sinn für correct rechtliche Vorgänge nicht überall vorhanden, oder bedarf wenigstens einer Stärkung, und auch dies ist eine nicht zu unterschätzende Wirkung der Beglaubigung, welche aber durch die vorgeschlagene Ausdehnung der legalisirungsberechtigten Personen paralysirt würde. Die Verwaltungsbeamten sind für den Landmann nicht mit geringeren Schwierigkeiten zu erreichen, als die Gerichtsbeamten. Wo eine Verwaltungsbehörde ihren Sitz hat, befindet sich auch ein Gericht.

Mit Bestimmtheit sprechen wir uns aber gegen die Intervention der Gemeinde-Vorsteher aus, da erfahrungsgemäß gerade in den Gemeinde-Kanzleien, wenn auch nicht immer durch den Gemeinde-Vorsteher selbst, die Winkelschreiberei gepflegt wird und man dahin streben muß, diesen „Stand," der nicht das Rechtsbewußtsein pflegt, sondern oft genug nur die Proceß-Lust nährt und zu zweideutigen Vorgängen gerne die Hand bietet, zu beseitigen. Gewiß mit Recht wurde gegen den Vorschlag, die Gemeinde-Vorsteher mit Legalisirungen zu betrauen, eingewendet, daß diese Aufgabe dem Berufe des Gemeinde-Vorstehers gänzlich fremd sei, daß bei der Wahl desselben ganz andere Gesichtspunkte maßgebend seien, als sie den Staat bei Bestellung der zur Beglaubigung von Urkunden zu berufenden Organe leiten müssen. Diese Gründe gelten auch, wenn man zwar nicht den Gemeinde-Vorsteher selbst mit der Legalisirung betraut, ihn aber zum Organe des Hypothekar-Procurators macht, da in diesem Falle der Gemeinde-Vorsteher für den letzteren doch die entscheidende Persönlichkeit bildet.

Es erübrigt nun, von allgemeinen Vorbedingungen zur Entwicklung des landwirthschaftlichen Credites noch zwei zu erwähnen, welche mit demselben im directen Zusammenhange stehen, nämlich die **Hypotheken-Versicherung** und die **Commassation**. Zwar ließe sich noch eine Reihe von Momenten in den Kreis der Besprechung ziehen

z. B. die Einwirkung der politischen Staats-Gestaltung auf die Landwirthschaft und indirect auf die Entwicklung des ländlichen Credites, allein wir vermeiden es, darauf einzugehen, um diese Abhandlung nicht ungebührlich auszudehnen.

Die Hypothekar-Versicherung*) hängt mit dem Bestreben des Landwirthes zusammen, den Werth seines Besitzes in thunlichst ungeschmälerter Ausdehnung als Basis seines Credites wirken zu lassen. Bei Erhebung des Real-Werthes zum Behufe der Credit-Gewährung wird ein mehr oder minder ängstlich gehandhabtes Tax-Verfahren eingehalten. Spätere „Sätze" können oft nur mit Schwierigkeit untergebracht, ja eine gewisse Grenze, die hinter dem Verkehrswerthe oft sehr weit zurück bleibt, kann gar nicht überschritten werden. Der Gläubiger wird aber bedeutend weniger zurückhaltend sein können, wenn zwischen ihn und den Schuldner eine Mittelsperson tritt und die pünktliche Zahlung der Zinsen so wie des Darlehens selbst garantirt. Diesem Gedankengange entsprang die Hypothekar-Versicherung, und leuchtet deren wohlthätige Wirkung auf den Real-Credit sogleich ein. Das Risico des Assecurirenden wird dadurch leicht erträglich, daß sich in seiner Hand eine große Zahl von Versicherungen concentrirt, für deren jede er eine Prämie erhält, wo aber dennoch nur ein geringer Percentsatz derselben den Anspruch auf ganzen oder theilweisen Ersatz der Zinsen oder des Capitales wirklich stellt. Das ist die Entstehungs-Ursache der Assecuranz-Gesellschaften. Dieselben können nur dann billige Prämien-Sätze machen, wenn sie viele Darlehen zu verbürgen haben, so daß das Interesse der Versicherungs-Gesellschaft und der Versicherten insofern Hand in Hand geht, als beide Theile einen ausgedehnten Versicherungs-Kreis wünschen. Der Agrar-Congreß (1873) empfahl ebenfalls die Hypotheken-Versicherung als geeignetes Mittel zur Hebung des landwirthschaftlichen Real-Credites.**)

Noch weniger als bei der Hypothekar-Versicherung bedarf es bei Erwähnung der Commassation***) eines Commentars, da durch die

---

*) Engel: „Die Hypotheken-Versicherung als Mittel zur Verbesserung der Lage des Grund-Credites. 1858. Derselbe: Beleuchtung der Bedenken gegen die Hypothekar-Versicherungen. Schäfer Dr. Die Hypotheken-Versicherungen als Mittel zur Hebung des Grund- Credites. Hannover 1863. Neumann 3. P. S. 129.
**) S. 120
***) Peyrer Karl: Die Arrondirung des Grund-Besitzes und die Anlegung

bloße Anführung des Wortes schon ein fertiger Begriff vor Augen tritt. Die Werthsteigerung des Grundbesitzes durch die Verkoppelung liegt auf der Hand, läßt sich selbst mathematisch wenigstens annähernd berechnen*), und steht im geraden Verhältniße zur Wertherhöhung, der Voraussetzung des Credites, die Steigerung des Letzteren. Bezüglich der Durchführung der Commassation giebt es zwei Parteien. Nach der Ansicht der Einen soll eine **zwangsweise**, nach der der Andern nur eine **freiwillige** Consolidation möglich sein. Häufig obwaltet hier das Mißverständniß, als ob durch die Gesetzgebung, nach dem ersten Princip, Jeder gesetzlich gezwungen wäre zu commassiren, während es sich doch nur darum handelt, für den Fall als sich eine Majorität für die Zweckmäßigkeit der Consolidation ausspricht, der Minderheit, deren Grundstücke zur Durchführung der Zusammenlegung nöthig sind, die Möglichkeit zu benehmen, eine von der Mehrheit als nützlich anerkannte Maßregel zu vereiteln. Besteht dieser Zwang nicht, so wird eben die Majorität durch eine Minorität gezwungen. Es liegt daher in der zwangsweisen Commassation durchaus keine Härte. Durch die Majorität wird nichts festgestellt, als die Nothwendigkeit der Consolidation; alles übrige wird durch das Gesetz geregelt. Die Größe der Majorität anlangend, kommt man jetzt, dem deutschen Verfahren gemäß, allmählich auf Provocation durch **einfache** Majorität. Zur Bildung derselben wird aber nicht die Kopf-Zahl allein entscheiden dürfen, sondern eine Combination zwischen dieser, der Fläche und dem Werthe der betheiligten Grundstücke gefunden werden müssen.

Zur vollständigen Erreichung der Vortheile der Consolidation genügt jedoch die bloße Grund-Zusammenlegung nicht, vielmehr müssen alle die unbeengte Wirthschaft schädigenden Ueberreste aus früheren Epochen gleichzeitig weggeräumt werden. Man muß daher die Servituten-Ablösung, Theilung oder Regulirung der Gemein-Gründe, Herstellung von Feldwegen und Wasser-Anlagen gleichzeitig durchführen, da nur dann, wenn sämmtliche betheiligte Gründe in eine Gesammtmasse zusammengelegt werden, eine allseitige Befriedigung

---

gemeinschaftlicher Feldwege. Wien 1869. Derselbe: Die Zusammenlegung der Grundstücke, die Regelung der Gemein-Gründe und die Ablösung der Forst-Servituten in Oesterreich u. Deutschland. Wien 1873.
*) J. K. v. Thünen: Der isolirte Staat.

und dauernde Berücksichtigung der Interessen möglich ist. Unbedingt nöthig zur zweckmäßigen Durchführung der Consolidation ist ferner die Schaffung eigener bloß hiezu bestimmter Organe. *)

Der Agrar=Congreß **) hat sich in seiner überwiegenden Majorität für die hier angedeuteten Principien ausgesprochen und den lebhaften Wunsch ausgedrückt, es möge in Oesterreich, wo die durch die Commassation zu beseitigenden schädlichen Besitzverhältnisse, keine Provinz ausgenommen, in hohem Grade vorhanden sind, ein auf diesen Grundsätzen ruhendes Gesetz baldigst erlassen werden.

Bisher haben wir unter steter Berücksichtigung der österreichischen Verhältnisse die Vorbedingungen des ländlichen Credites besprochen und wenden uns nun der Organisation desselben zu. Die primitivste Art, Credit zu erhalten, ist das Individual=Darlehen. So wichtig dieselbe seiner Zeit war, und obwohl sie nie ganz verschwinden wird, kommt dieselbe heutzutage, wo die Anforderungen der Landwirthschaft häufig über die Kraft und den Kreis des Einzelnen hinausgehen, fast nicht in Betracht. Es haben sich auch auf diesem Gebiete, wie überall, wo die Fähigkeiten des Einzelnen nicht hinreichen, Associationen in mannigfachen Formen eingestellt. In Oesterreich existiren etwa 30 Hypothekar=Banken, 200 Sparcassen, 8—9 Versicherungs=Anstalten, welche sämmtlich der Landwirthschaft Capital zuführen. Obwohl keine vollkommen verläßliche Statistik hierüber besteht, deren Aufstellung auch mit den größten Schwierigkeiten zu kämpfen hätte, so wurde auf Grund der vorliegenden Daten die Belastung der ländlichen Grundstücke im Jahre 1870 auf etwa 1.186 Millionen Gulden geschätzt, woraus sich bei einem Verkehrswerthe der nicht in Städten gelegenen Realitäten von etwa 6.800 Millionen die Belastung der landwirthschaftlichen Grundstücke mit 17—18% ihres Werthes berechnet.***) Diese im Vergleiche zu anderen Staaten ge-

---

*) Der Vollständigkeit halber wollen wir hier erwähnen, daß in gerechter Würdigung der Bedeutung der Commassation das Gesetz v. 3. März 1868 bis Ende 1879 als wirksam erklärt wurde. Grundtäusche, durch welche eine Arrondirung bewirkt wird, sind, soweit die vertauschten Parzellen von gleichem Werthe sind, gebührenfrei. Die zur Durchführung der Arrondirung erforderlichen Urkunden, Protokolle, Eingaben und Beilagen sind stempelfrei, wenn der Werth des einen Grundstückes den des anderen um nicht mehr als 50 pCt. übersteigt.
**) S. 134—141.
***) Die Boden=Cultur Oesterreichs. Im Auftrage des k. k. Ackerbau=Mi-

ringe Benutzung des landwirthschaftlichen Credites läßt eine Besprechung der Art, wie die Capitalien der Landwirthschaft zugänglich gemacht werden können, nicht überflüssig erscheinen. Denn wenn auch in der letzten Zeit die Summe der Hypotheken sich wesentlich erhöht hat,*) so wäre es doch irrig zu glauben, daß der Landwirthschaft bedeutend mehr Capital zur Verfügung gestellt worden sei als früher. Es vollzieht sich, im Einklange mit dem Zuge der Zeit, seit mehreren Jahren eine Umwandlung der Privat-Darlehen in solche von öffentlichen Anstalten und wird dadurch die Höhe der Darlehen mehr bekannt. Die große Geldbewegung der letzten Zeit hat zwar auch die Realitäten ergriffen, sich aber vorwiegend auf den städtischen Besitz concentrirt und mehr den **Grund-Handel** als die Boden-Production favorisirt.**) Wenn sich also behaupten läßt, daß der ländliche Credit im Verhältniß zu dem großartigen Aufschwunge auf anderen Gebieten des Credites zurückgeblieben, ja sogar durch denselben geschädigt worden ist, so dürfte sich dieses Mißverhältniß durch den jüngst erfolgten Zusammenbruch auf dem Effecten-Markte einigermaßen ausgleichen. So wie nach dem Sturze des Mercantil-Systems als naturgemäße Reaction die Lehre der Physiokraten folgte, so dürfte sich jetzt das Anlage suchende Capital wohl in ausgedehnterem Maße der Verwerthung in der Boden-Cultur zuwenden.

Unter den Formen, wie die Credit-Associationen für den Landwirth constituirt werden können, sind besonders zu beachten die **Erwerbsbanken und die auf solidarischer Haftung beruhenden Genossenschaften**. Die Discussion, welche der beiden Arten die richtigere sei, währt schon lange und ist auch heute noch nicht abgeschlossen. Gegen die Ersteren führt man hauptsächlich und mit Recht an, daß sie dem Landwirthe den Credit vertheuern, da sie nicht bloß die Aufgabe haben, demselben Credit zu verschaffen, sondern auch das Bank-Capital verzinsen und Dividenden gewähren

---

nisteriums redigirt von Dr. J. Lorenz u. J. Wessely" III. S. 25 u. ff. (Der landwirthschaftliche Credit von Fr. X. Neumann.)
*) So wurden von Seite der öffentlichen Anstalten im Jahre 1871 um nahezu 60 Millionen Gulden Hypotheken mehr als im Vorjahre gewährt („Tresor" III. Nr. 41, 1873.)
**) Der Tabular-Verkehr in Wien 1872 weist 1470 Fälle von Besitz-Veränderungen unter Lebenden auf, im Werthe von 88.7 Millionen; gegen 1871 eine Steigerung von 125 pCt. („Tresor" III. Nr. 43).

müssen. Ein Sachverständiger, welcher bei Gelegenheit der in Preußen im Jahre 1868 abgehaltenen Hypothekar-Enquête sein Votum abzugeben hatte, hielt die Actien-Gesellschaften für so schädlich und gemeingefährlich, wie etwa die Spielbanken, „die Geier, die darauf warten, um die Ueberreste des Grundbesitz-Vermögens unter der Form von Dividenden zu verspeisen." *) Ein derartiges Urtheil übertreibt einen an sich richtigen Gedanken in einseitiger Weise, da eben trotz des eventuellen Nachtheiles die Erwerbsbanken, wegen der Universalität ihres Geschäftskreises, ihrer Leichtbeweglichkeit, durch die etwas weniger große Bedenklichkeit beim Beleihen von Grundstücken, durch den Umstand, daß man an der Größe ihres Capitales genau die Höhe der Garantie bemessen kann, unleugbar hohen Werth haben. Es wäre sehr bedauerlich, wollte man in engherziger Bevorzugung des Associations-Wesens unter den Grundbesitzern die Erwerbsbanken zu verdrängen suchen. Es wird von den concreten Verhältnißen abhängen, wo das Eine und wo das Andere dieser beiden Systeme am Platze ist. Wo der Grundbesitz genug Capital hat, und zur Exploitirung nur der Association bedarf, soll er nicht unnütz für eine überflüssige Mitbürgschaft durch eine Erwerbsbank zahlen. Wo derselbe hingegen nicht auf eigenen Füßen stehen kann, muß er fremde Kräfte zu Hilfe nehmen und sie bezahlen. Die jüngsten traurigen Erfahrungen in Oesterreich legen allerdings den Wunsch nach schärferer Controle nahe, damit derartige Banken keine Speculations-Geschäfte machen. Es wurde ja, wie bekannt, durch die jüngste Krisis auch der Pfandbrief-Credit arg bedroht. Eine Schädigung desselben würde das Vertrauen in den Geld-Markt vollständig untergraben und der Landwirthschaft sowie dem Capitalsverkehre tiefe Wunden schlagen. Es ist daher dringend wünschenswerth, daß das Pfandbrief-Geschäft, wie es auch seine Natur fordert, von jeder anderen Bank-Thätigkeit i s o l i r t werde, so daß nur Pfandbriefe und Hypothekar-Forderungen einander gegenüber stehen. Diese Controle wird

---

*) Reiches Materiale hierüber bieten die „Stenografischen Berichte über die Verhandlungen betreffend die Enquête über das Hypotheken-Banken-Wesen." Berlin 1868. Vgl auch Wilmanns, „Die Creditnoth der Grundbesitzer und deren Abhilfe durch eine norddeutsche Bundes-Hypothekenbank." 1868 S. 17 u. ff.

auf Grundlage klarer Gesetze und Statuts-Bestimmungen am besten durch die Actionäre der Bank selbst geübt werden, unter energischer Heranziehung der Ersatz-Pflicht der diese Verfügung außer Acht lassenden Mandatare. Allerdings dürfen sich aber die Actionäre nicht indirect zu Mitschuldigen machen dadurch, daß sie übermäßig hohe Dividenden fordern und in den Verwaltungs-Räthen den Ehrgeiz nach einer hohen Notiz im Coursblatte nähren.

Es ist daher das Princip der Freiheit nach dieser Richtung in Verwirklichung zu bringen, indem nur dadurch, daß man innerhalb bewährter Grund-Begriffe eine reiche Entwicklung zuläßt, die Möglichkeit geboten wird, daß sich die Credit-Gewährung ebenso mannigfach gestalte, als das Begehren darnach ist. Da die Wirksamkeit der Erwerbsbanken bekannt und deren Organisation auch ausgebaut ist, halten wir eine Besprechung derselben hier nicht für nöthig, sondern wollen die auf Selbsthilfe und Solidarhaft begründeten Associationen einer Erörterung unterziehen.

Die bisher angewendeten Mittel, um dem Landwirthe jenen Credit zu verschaffen, der nicht Immobiliar- und auch nicht reiner Personal-Credit ist, haben sich als nicht ausreichend erwiesen. Beweis davon, daß die Landwirthe gerade nach dieser Richtung Mangel leiden. Um diesen Zweck zu erreichen, handelt es sich offenbar darum, das Princip Schulze-Delitzsch's auf den Real-Credit anzuwenden. Damit haben wir die Richtung für den Gang der Bewegung angegeben. Die erste Folge dieses Grund-Principes ist die Localisirung der Credit-Vereine auf kleine Bezirke (im Maximum etwa 4000 Seelen). Dadurch wird das Gebiet des Vereines ein ziemlich gleichmäßiges, die Taxation der Grundstücke eine leichte und durch Personalkenntniß unterstützt, eine gewisse Controle der Bewirthschaftung möglich, die Verwaltung billiger, indem mancherlei durch Ehren-Beamte abgemacht werden kann, und so der Zweck erreicht, daß sich die Credit-Gewährung der Credit-Würdigkeit anschmiegt. Wenn derartige Genossenschaften auf Solidar-Bürgschaft ihrer Mitglieder, welche zumeist Grundbesitzer sind, basiren, so ist ihre Credit-Fähigkeit wohl außer Zweifel und der Werth von Grundstücken in einer Weise mobil gemacht, welche sonst unerreichbar wäre. Den hier ausgesprochenen Forderungen scheinen nun die Darlehens-Cassen-Vereine nach dem Grund-Gedanken von Raiffeisen zu

entsprechen, oder wenigstens dienstbar gemacht werden zu können.*)
Die Darlehens=Cassen=Vereine harmoniren mit den Volks=Banken
Schulze=Delitzsch's insofern, als sie ebenfalls auf solidarischer Haftung
begründete Credit=Genossenschaften sind und die gleiche Tendenz ver=
folgen wie diese. Doch zeigen sich auch einige wesentliche Verschieden=
heiten, welche in den Subjecten und Objecten des von ersteren zu ver=
mittelnden Credites begründet sind. Was die Vorschußvereine für
die industrielle und Handwerk treibende Bevölkerung leisten, bieten
die Darlehens=Cassen=Vereine dem Landwirthe.

Die Hauptunterschiede sind, daß die Darlehens=Cassen=Vereine
keine Geschäftsantheile bilden, sondern ihr Capital lediglich
durch Anlehen von Außen beschaffen, daß sie dem zu Folge keine
Dividenden vertheilen und Darlehen von 3 Monaten bis 10
Jahren, eventuell auf noch längere Zeit gewähren.

Gegen die Nicht=Bildung von Guthaben wird eingewendet, daß
dadurch ein bedeutsames im Grundcharakter des Genossenschaftswesens
wurzelndes Hilfs=Mittel aufgegeben werde, nämlich der Zwang zur
Sparsamkeit und geordneter Wirthschaft und ferner, daß durch die Gut=
haben ein eiserner Bestand an Genossenschaftsvermögen gebildet werde,
welcher nie gekündigt werden kann. Obwohl wir die Bedeutung der Spar=
samkeit für den Privaten und den Staat durchaus nicht unterschätzen,
glauben wir doch, daß man die Wichtigkeit der bei den Volks=Banken
üblichen Verpflichtungen zur Sparsamkeit übertreibt. Man ist bei
Vorschuß=Vereinen nur gezwungen, einen Geschäfts=Antheil (25—
50 fl.) zu bilden und ist dann von einer weiteren Verpflichtung zum
Sparen keine Rede mehr. Die Möglichkeit zu sparen bieten aber
die Darlehens = Cassen = Vereine dadurch, daß mit denselben in
leichter Weise eine Spar= und Depositen=Casse zu verbinden ist.
Trotz unserer etwas kühleren Ansicht über die Spar=Pflicht, halten
wir dieselbe bei den Vorschuß=Vereinen für sehr segensreich, ja für
geboten; nicht so bei den für die Landwirthe bestimmten Credit=

---

*) F. W. Raiffeisen, „Die Darlehens=Cassen=Vereine in Verbindung mit
Consum=, Verkaufs=, Gant= ꝛc. Genossenschaften. 2. Aufl. 1872. Vgl. ferner
meine Aufsätze in Hitschmann's „Wiener landwirthschaftliche Zeitung"
1873, Nr. 2, 3, 4 u. meinen Vortrag, gehalten in der General=Versamm=
lung der Wiener Landwirthschafts=Gesellschaft vom 19. März 1873. Ab=
gedruckt in den Verhandlungen u. Mittheilungen dieser Gesellschaft 1873
Nr. 7.

Vereinen. Der kleine Landwirth manipulirt nur wenig mit Geld. Er hat oft nur soviel Baarmittel, als er zur Steuer braucht, und des Landwirthes beste Sparcasse ist sein Grundstück. Er kann mit überschüßigen Mitteln sein Grundstück ameliorieren, eine nothwendige Drainage ausführen, die Wirthschafts-Gebäude verbessern oder vergrößern, seinen Viehstand heben, kurz der Landwirth wird in der Regel sein Geld in der eigenen Wirthschaft rationeller verwerthen können, als durch Einlegung bei einer Credit-Genossenschaft. Wenn wir uns auch gegen den Spar-Zwang bei Landwirthen, als der Natur des landwirthschaftlichen Gewerbes widersprechend, wenden, so wünschen wir doch die Sparsamkeit auf's lebhafteste und befürworten daher die Verbindung von Depositen-Anstalten mit den Darlehens-Cassen-Vereinen auf's Wärmste.

Ein weiterer Grund, der gegen die Bildung von Geschäfts-Antheilen sehr ins Gewicht fällt, ist der, daß dadurch die Zahlung von Dividenden nothwendig wird, wie dies bei den Vorschuß-Vereinen allgemein der Fall ist. Dadurch wird, wie dies bei den Erwerbs-Banken nachgewiesen wurde, in die Credit-Vereine ein Zwiespalt getragen. Das Interesse der Schuldner und der Mitglieder des Vereines ist ein entgegengesetztes, und sind die Ersteren hiebei der verlierende Theil. Dies drückt sich auch in der Höhe des Zinsfußes aus. Die Vorschuß-Vereine geben, so viel uns bekannt ist, Credit nur gegen 8 pCt. (Provision u. s. w. inbegriffen), während bei den Darlehens-Cassen-Vereinen, ebenfalls inclusive aller Spesen, die Höhe der Zinsen zwischen $4\frac{1}{2}$ und $5\frac{3}{4}$ pCt. variirt.

Wenn sich die Volks-Banken ferner durch die Geschäftsantheile einen sicheren Fond, der ihnen auch in Zeiten der Gefahr nicht entzogen werden kann, schaffen, so geschieht dies bei den Darlehens-Cassen-Vereinen durch den Reserve-Fond. Dieser wird gebildet, indem der allerdings mäßige Gewinn, welcher aus der Differenz in der Verzinsung der Darlehen und Anlehen resultirt, als untheilbares Vereins-Vermögen angesammelt wird, auf welches den einzelnen Mitgliedern gar kein Recht zusteht.

Die wichtigste, aber auch angefochtenste, Eigenschaft der Darlehens-Cassen-Vereine liegt in der längeren Credit-Frist.[*]) Man

---

[*]) Siehe hierüber Nöll „Die ländlichen Darlehens-Cassen-Vereine in der Rheinprovinz (sogenanntes System Raiffeisen)" Berlin 1873, welches

muß darin einen großen Vortheil derselben vor den Volks-Banken erblicken. Es braucht wohl nur erwähnt zu werden, daß der Landmann sein Capital nicht so rasch umschlagen kann, als der Industrielle oder Handwerker, und daß er daher längeren Credit braucht als diese. Wie lange derselbe sein muß, hängt von der Art desselben ab; je mehr er sich dem Personal-Credit nähert, desto kürzer kann die Frist sein, je mehr er sich dem Grund-Credit nähert, desto länger muß sie sein. Durch diese bei den Darlehens-Cassen-Vereinen mögliche Latitude kann den verschiedenen Bedürfnißen der Landwirthe Rechnung getragen werden. Man wird vielleicht einwenden, daß die verschiedenen Gattungen von Credit nicht in einem Institute vereinigt sein dürfen, was wir aber bestreiten. Wir halten es nur für nothwendig, daß sowohl bei Beschaffung der Fonds, als auch, wenn auch nur in secundärer Weise, bei der Geschäftsführung und Administration, die einzelnen Arten von Credit auseinander gehalten werden. Durch eine Cumulirung dieser Zweige in einem zweckmäßig und großartig angelegten Institute wird den Creditsuchenden leichter und billiger Capital verschafft werden können, als wenn man die einzelnen Gattungen von Credit gewaltsam auseinander reißt. Wie dem auch sein mag, jedenfalls brauchen die Landwirthe auch längeren Credit und sind die Vorschuß-Vereine unserer Ansicht nach zur Gewährung derselben nicht naturgemäß befähigt. Sie setzen raschen Umsatz voraus und leihen daher nur auf 3 Monate, stellen aber eine weitere Prolongation in Aussicht. Doch kann der Schuldner auf dieselbe nicht mit Sicherheit bauen, und gerade darauf kommt es ihm an. Diesem Verlangen entsprechen aber die Darlehens-Cassen-Vereine.

Dies führt uns auf die Achilles-Ferse dieser Genossenschaften. Die Darlehens-Cassen-Vereine erhalten ihre Fonds von Außen auf $^1/_4$, $^1/_2$ höchstens einjährige Kündigung, verleihen sie aber, wie wir

---

Schriftchen eine scharfe Kritik dieser Genossenschaften enthält. Die Entgegnung darauf ist unter demselben Titel (Neuwied 1873) von Capaun-Karlowa erschienen Darauf eine Replik von Nöll und eine Duplik von Capaun-Karlowa. Außerdem eine Erwiederung gegen Nöll von Prof. Held. Vgl. auch O. Beck. „Erster Jahresbericht über die Hebung des ländlichen Credit-Wesens im Regierungs-Bezirk Trier" 1873, durch welches Werkchen der Verfasser seinen Frieden mit den Darlehens-Cassen-Vereinen zu machen erklärt.

gesehen haben, auch auf viel längere Fristen. Um nun im Falle einer Massen=Kündigung solvent zu bleiben, haben sie sich ihren Schuldnern gegenüber ein vierwöchentliches Kündigungs=Recht vorbehalten. Wir stehen hier unleugbar vor einem Widerspruche. So sehr aber derselbe auch unlösbar erscheinen mag, so glauben wir doch den Weg zur Beseitigung desselben angeben zu können. Vorerst sei bemerkt, daß dieses Kündigungs=Recht eigentlich nur ein f o r m e l l e s, und daß es nur für äußerste Fälle vorbehalten ist, die aber noch n i e eingetreten sind. Man muß bedenken, daß man es nicht mit unnachsichtigen Gläu= bigern, welche Gewinn machen wollen, zu thun hat, sondern daß ein Verein von Männern, die einander zu stützen gewillt sind, Einem aus ihrer Mitte gegenübersteht.

Es ist bisher, obwohl seit dem Anfange der 60er Jahre eine ziemlich große Anzahl derartiger Genossenschaften in der preußischen Rheinprovinz besteht und das letzte Decennium gewiß kein sehr gün= stiges für eine ruhige Entwicklung zu nennen war, von diesem extremen Hilfsmittel n i e m a l s Gebrauch gemacht worden. Die große Sicher= heit, welche diese Genossenschaften bieten, hat es bewirkt, daß an die Stelle eines kündigenden Gläubigers alsbald ein neuer trat und daher die Genossenschaften nicht gezwungen waren, von ihren Schuldnern Geld plötzlich einzuziehen. Durch alle diese nicht unwesentlichen Ab= schwächungen der Schärfe des aufgedeckten Contrastes kann aber dieser selbst nicht hinweggeräumt werden, und ist die unbankmäßige Fundirung der Darlehens=Cassen=Vereine auch der hauptsächlichste Angriffspunkt gegen dieses System.

Dieser Widerspruch, und mit ihm alle seine Wirkungen und daraus gefolgerten Vorwürfe, würden aber wegfallen, wenn man für diese Genossenschaften eine s t a b i l e Geldquelle finden könnte. Der Verein wäre dann nicht gezwungen, auf kurze Zeit zu entlehnen und auf lange Zeit zu verlehnen und könnte auch das Kündigungs=Recht restringiren. Diese Geldquelle ist gefunden, wenn sich s ä m m t l i c h e Darlehens=Cassen=Vereine, z. B. einer Provinz, zusammen thun und für die von ihnen aufzunehmenden Darlehen s o l i d a r i s ch haften. Dadurch wird auf echt genossenschaftliche Weise eine große Summe von Kraft und Capital auf einen Punkt concentrirt, eine auf anderem Wege kaum erreichbare Sicherheit geboten und daher die Beschaffung von Capital in beliebiger Höhe ermöglicht. Dieser Vorschlag ist in seinem Grundgedanken nicht neu*), bisher aber unseres Wissens nur in den preußischen „Landschaften," jedoch mit ständischer Färbung, und nicht in der Weise, wie wir es meinen, durchgeführt.

Wir halten es für das Zweckmäßigste, wenn die einzelnen Provinzial-Verbände sich in einem Reichs-Institute zusammen finden und dieses die Geldbeschaffung für alle Unterverbände übernimmt, so daß der Gläubiger nur mit dem Central-Institute zu verkehren hat. Dieses beschafft sich die Fonds durch Ausgabe von Pfandbriefen. Da der eigentliche Grund-Credit aus hier nicht näher zu erörternden Gründen eine unkündbare Schuld verlangt, so müssen unkündbare Pfandbriefe mit Amortisationspflicht, für die anderen Arten von Darlehen kündbare Pfandbriefe, ausgegeben werden. Den Inhabern der unkündbaren Pfandbriefe haften vor Allem die eingetragenen Hypotheken, dann der Reserve-Fond, subsidiär die Solidarbürgschaft der Grundstücke der Vereinsmitglieder. Bei den kündbaren Pfandbriefen muß die Kündigungs-Frist dieser und des verliehenen Capitals in Einklang gebracht, keinesfalls aber auf 4 Wochen sondern auf mindestens 3 Monate gestellt werden. Für diese Pfandbriefe haftet das Vermögen der Genossenschafter.

Als Centrum der Geldvermittlungen für ein derartiges Institut in Oesterreich könnte die österreichische National-Bank dienen. Dieselbe hat das Recht, für 150 Millionen Gulden Pfandbriefe zu emittiren,**), hat aber Ende 1872 auf Hypotheken Darlehen blos im Betrage von 60,514.589 Gulden gegeben und für 58,707.780 fl. Pfandbriefe im Umlauf.***) Es sind somit noch über 90 Millionen Gulden Pfandbriefe zur Disposition der Bank, womit wenigstens für den Anfang dem Bedürfnisse gewiß genügt werden kann. Trotz

---

*) Becker, „Reform des Hypotheken-Wesens." Wilmanns a. a. O. S. 25; F. X. Neumann IV. S. 111 u ff. Mit dem von Letzterem entwickelten Plane stimmen wir völlig überein, doch ist derselbe nach unten hin noch nicht völlig detaillirt. Das fein verzweigte Geäder, welches eine derartige Concentrirung unbedingt voraussetzt, scheint uns durch die Darlehens-Cassen-Vereine geschaffen zu werden.

In der Rhein-Provinz ist man eben daran den Darlehens-Cassen-Vereinen durch die zu gründende „deutsche landwirthschaftliche General-Bank, eingetragene Genossenschaft", die hier besprochene Organisation zu geben.

**) S. Min. Erl. v. 20. März 1856 u. Gesetz v. 13. November 1868, R. G. Bl. Nr. 64.

***) Gegen 62,967.784 respective 59,919.405 fl. Ende 1871.

dieser Centralisirung müßen die Provinzial-Verbände doch möglichst selbstständig bleiben. Das Centrum befaßt sich nur mit der Geldbeschaffung im Großen, während die Provinzial-Verbände nach ihrem Ermessen arbeiten.

Hiergegen hat man mancherlei eingewendet und vor Allem, daß sich die Darlehens-Cassen-Vereine auch ohne eine General-Bank Geld verschaffen können, und andernseits, daß man für Verpflichtungen ganz entfernter Vereine, auf deren Verwaltung man keinen Einfluß hat, nicht solidarisch haften wolle. Der erste Einwand beweist das Kraft-Bewußtsein der Vereine, doch ist derselbe vom allgemeinen principiellen Standpunkte, von welchem wir die Sache ansehen, nicht ausschlaggebend. Bedeutend wichtiger ist der zweite Einwand, und hat derselbe auf den ersten Blick viel für sich. Er kann jedoch durch eine richtige Organisation der General-Bank beseitigt werden, indem man Abgeordneten der Bank-Mitglieder, welche ja lediglich Darlehens-Cassen-Vereine sind und nicht etwa angestellte Beamte derselben, ein Votum in den General-Versammlungen einräumt. Diese Delegirten-Versammlungen der Vereine sind daher das beschließende Organ, und da sie nur in großen Zügen arbeiten, ist eine Einberufung nur selten nöthig.

Außerdem muß ein ausführendes und überwachendes Organ bestehen. Zudem ist durch die Großartigkeit des Körpers die Bedeutung der Solidar-Haftung zwar nach Außen imposant, allein innerhalb der Genossenschaft ohne jegliche Gefahr. Nehmen wir für dieselbe nur hunderttausend Mitglieder an, was für Oesterreich gewiß nicht zu hoch gegriffen ist, so würde bei einem Verluste von 1 Million Gulden, ein Fall, der übrigens kaum denkbar ist, auf den Kopf 10 fl. und die Hälfte als zahlungsunfähig vorausgesetzt, 20 fl. entfallen. Das Risico steht also mit den Vortheilen der Bank in einem äußerst günstigen Verhältniß. Diese sind sehr bedeutend. Vor Allem liegt ein solcher in dem Ausgleiche des Ueberflußes und Mangels der einzelnen Vereine und Provinzen. Jeder Verein kann nämlich an seine Provinzial-Casse, und diese wieder an die Central-Casse, den Ueberfluß abgeben und den Mangel dort anmelden. Der bedeutendste Vortheil liegt aber darin, daß durch diese Organisation der Creditwürdigkeit der Landwirthe in mannigfaltigster und weitgehendster Ausdehnung Rechnung getragen wird und daß der

Landwirth, welcher sonst auf drückende Individual-Hypotheken angewiesen wäre, rasch und billig Capital bekommt. Daß dieser Erfolg nur durch die Zusammenfassung der localisirten kleinen Credit-Vereine möglich wird, haben wir oben nachgewiesen.

Nach unseren Erörterungen ist es zweifellos, daß die Zukunft der Darlehens- Cassen- Vereine nur durch die Schaffung eines derartigen Centrums gesichert werden kann, daß aber dadurch für die Landwirthschaft die weitest reichenden Wirkungen erzielt werden können. Trotz der in die Augen fallenden Vorzüge einer derartigen Organisation, lassen sich die alten Darlehens-Cassen-Vereine durch die obigen Gründe nur schwer zum Eintritte in die General-Bank bewegen, und ist dies in den Rheinlanden nach meiner persönlichen Erfahrung wirklich der Fall. Um nun diesen Uebelständen abzuhelfen, und auch aus den bereits angeführten principiellen Gründen, geht meine Ansicht dahin, daß man mit der Errichtung einer derartigen Central-Bank, wenigstens für eine Provinz, beginnen müßte. Man wird dadurch, daß die Darlehens- Cassen-Vereine einen sichern Geldzufluß zu erwarten haben, die Entstehung derartiger Genossenschaften wesentlich fördern und den schwachen Punkt des Systems eliminiren.

Wir haben unsere Ueberzeugung dahin ausgesprochen, daß zur Befruchtung der Landwirthschaft mit Capital die Gründung einen großen Anzahl von Darlehens-Cassen-Vereinen und die Zusammenfassung derselben in ein großes Institut wünschenswerth ist. Wir beziehen uns zur Unterstützung unserer Ansicht auf den einhellig gefaßten Beschluß des Agrar - Congresses*), wodurch derselbe die thunlichste Agitation für das Inslebentreten von auf Selbsthilfe und Solidar-Bürgschaft begründeten landwirthschaftlichen Credit-Vereinen, welche untereinander länderweise in Verbindung treten und sich dadurch die Capital-Beschaffung erleichtern könnten, empfiehlt. Insbesondere wird auf die Darlehens - Cassen-Vereine nach dem Grundgedanken Raiffeisen's, wie sie am Rheine in größerer Zahl bestehen, als für die österreichische Landbevölkerung höchst nachahmenswerth hingewiesen.

Wir haben bisher die Darlehens-Cassen-Vereine lediglich als Genossenschaften zur Capitals- Beschaffung betrachtet; da dieselben

---

*) S. 119.

jedoch ihrer Organisation nach tief in die Landbevölkerung eindringen, so sind sie in hervorragender Weise berufen, das ganze landwirthschaftliche Genossenschafts-Wesen zu popularisiren. Es ist allgemein anerkannt, daß die landwirthschaftlichen Casino's in hohem Grade geeignet sind, den Fortschritt auf landwirthschaftlichem Gebiete, insbesondere die genossenschaftlichen Institutionen zu fördern. Die besten Beschlüße in den Casino's fruchten aber nichts, wenn die zu ihrer Verwirklichung nöthigen Geldsummen nicht vorhanden sind. Durch die Darlehens-Cassen-Vereine wird diesem Mangel abgeholfen. Sobald irgend eine Verbesserung in einer Gemeinde als nothwendig anerkannt wird, z. B. der Bezug von vorzüglichem Saatgut, Leinsamen, Dünger, Vieh u. s. w. beschlossen ist, wenden sich diejenigen Mitglieder, die an dem Beschluße theilgenommen haben, an den Darlehens-Cassen-Verein und entlehnen, unter solidarischer Haftung, von demselben die zur Durchführung ihres Beschlußes nöthigen Mittel. Gleichzeitig wird der je nach der Anschaffung verschiedene Tilgungsplan der Schuld festgestellt. Der Darlehens-Cassen-Verein schließt lediglich ein Geldgeschäft und vermittelt nicht etwa die Beschaffung von Saatgut u. s. w., sondern dies haben die Mitglieder der Unter-Genossenschaft auf ihre Gefahr und Rechnung zu besorgen. In richtiger Würdigung dieser nicht hoch genug anzuschlagenden Wirksamkeit der Darlehens-Cassen-Vereine, zu welchen die Volks-Banken ihren Organisationen nach nicht befähigt sind, hat der Agrar-Congreß*) einstimmig folgenden Beschluß gefaßt: In Erkenntniß des Umstandes, daß zur Ausführung von landwirthschaftlichen Genossenschaften häufig bedeutende Mittel nothwendig sind, wird die allgemeine Verbreitung und thunlichste Localisirung der bei Beantwortung der Frage 8 erwähnten Credit-Vereine (Darlehens-Cassen- Vereine) empfohlen.

Die Einführung dieser Credit- Genossenschaften in Oesterreich muß unserer Ansicht nach von Unten, d. h. vorwiegend von den freien landwirthschaftlichen Vereinen, ausgehen und hiezu das Wanderlehrerthum in ausgiebiger Weise benützt werden. Zwar hat der Agrar-Congreß beschloßen, es möge bei Anstellung der Wanderlehrer auf ihre Kenntniß und Erfahrung im Genossenschafts-Wesen bedeutendes Gewicht gelegt und ihnen die Begründung und fortwäh-

---

*) S. 105.

rende Beachtung von ländlichen Genossenschaften als ein wesentlicher Theil ihrer Aufgabe bezeichnet werden. Doch halten wir diesen Beschluß für nicht genügend. Es drängt sich nämlich immer mehr die Erwägung auf, daß man den Wanderlehrern nicht zu vielerlei aufladen dürfe, sollen sie wirklich Entsprechendes zu Tage fördern. Der Wirkungskreis eines Wanderlehrers ist aber ein so ausgedehnter, daß man, ohne Oberflächlichkeit herbei zu führen, nichts neues mehr hinzufügen darf, am allerwenigsten einen Zweig, wie das Genossenschafts-Wesen. Wer sich mit demselben praktisch beschäftigt, wird in Oesterreich so viel zu thun finden, daß ihm zu anderen Obliegenheiten eines Wanderlehrers keine Zeit bleibt. Ueberdies ist zu berücksichtigen, daß die zur Förderung des Genossenschafts-Wesens nöthige Bildung und Thätigkeit von den sonstigen Pflichten eines Wanderlehrers völlig verschiedene Voraussetzungen hat. Wir schlagen daher die Anstellung von Genossenschafts-Wanderlehrern vor, wie sie auch in der Rhein-Provinz bereits mit großem Nutzen wirken. Wir haben in Oesterreich die erfreuliche Erfahrung gemacht, daß ein solcher Genossenschafts-Wanderlehrer vollauf beschäftigt wäre. Gerade die Unbekanntschaft der Landbevölkerung mit den genossenschaftlichen Begriffen macht es nöthig, daß der Wanderlehrer nicht bloß einen oder mehrere zur Bildung von Genossenschaften anregende Vorträge halte, sondern daß er längere Zeit, und in kurzen Zwischenräumen wiederkehrend, in den betreffenden Gemeinden verweile und bei der Errichtung der Genossenschaften selbstthätig mitwirke. Das kann er aber nicht, wenn er überdies noch die ganze Landwirthschaft vielleicht einer großen Provinz zu fördern hat. Man hat es in Nieder-Oesterreich für nöthig erachtet, neben dem landwirthschaftlichen Wanderlehrer einen solchen für Flachsbau anzustellen, gewiß aus guten Gründen, welche mit der Specialität des Flachses zusammenhängen, aus derselben Ursache fordert auch das Genossenschafts-Wesen seinen eigenen Mann.

Zu wünschen bleibt uns nur, daß man diese Institutionen, die sich bereits bewährt haben und einer Beachtung sicher werth sind, auch in unserem Vaterlande, unter Benützung der schon gemachten Erfahrungen und Vermeidung der Irrthümer, einführen möge, eingedenk des Satzes, daß nur die Concurrenz dem Zweckmäßigsten zum Durchbruche verhilft.